Emil Hözel

Übungen im Kartenlesen

Eine Aufgabensammlung für höhere Schulen

Emil Hözel

Übungen im Kartenlesen
Eine Aufgabensammlung für höhere Schulen

ISBN/EAN: 9783743695863

Hergestellt in Europa, USA, Kanada, Australien, Japan

Cover: Foto ©Paul-Georg Meister /pixelio.de

Weitere Bücher finden Sie auf **www.hansebooks.com**

Übungen

im Kartenlesen.

Eine

Aufgabensammlung für höhere Schulen

von

Emil Hözel,

Oberlehrer am Königl. Seminar zu Dresden-Friedrichstadt.

> Die rechte Benützung der Karte ist beim Unterrichte
> in der Geographie das A und das O; denn wenn der
> Schüler einmal ihre Sprache versteht, so ist sie anschau-
> licher und verständlicher als die Lautsprache.
>
> A. Steinhauser, über Landkarten (im 4. Bande
> der Encyklopädie v. Schmid).

3. Heft:

Das germanische Mitteleuropa.

Leipzig,

Verlag von H. Wagner & E. Debes.

1895.

Einige Hilfswerte für Berechnungen, Messungen und Schätzungen.

1. Größe eines Längengrades in verschiedenen Breiten.*)

Breite	Kilometer	Breite	Kilometer
0°	111	50°	72
10°	110	60°	56
20°	105	70°	38
30°	96	80°	19
40°	85	90°	0

2. Dauer des längsten Tages in verschiedenen Breiten.

Breite	Tagesdauer in Stund. u. M.		Breite	Tagesdauer in Stund. u. Min.		
0°	12 h	0'	40°	14 h	51'	
10°	12 h	35'	50°	16 h	9'	
20°	13 h	13'	60°	18 h	30'	
30°	13 h	56'	66° 32'	24 h	0'	(Mitternachtssonne!)

In der n. Polarzone findet folgendes statt:

N. Br.	Die Sonne geht nicht unter ungefähr	Die Sonne geht nicht auf ungefähr	Die Sonne geht auf und unter
70°	65 Tage	60 Tage	240 Tage
75°	103 „	97 „	164 „
80°	134 „	127 „	104 „
85°	161 „	153 „	51 „
90°	186 „	179 „	0 „

Für die s. Polarzone müssen die Spalten 2 und 3 vertauscht werden.

3. Die (ungefähr durch) den Polarstern bezeichnete) Polhöhe (P) eines Ortes ist gleich seiner geographischen Br.

*) Bedenke übrigens, daß die Größe der Längengrade auch durch Messung auf den Karten zu gewinnen ist!

Die **Mittagshöhe** der **Sonne** beträgt für Orte auf der n. Halbkugel*)

am 21. März und 23. Sept.   90° – P

„ 21. Juni   90° – P + 23½°

„ 21. Dez.   90° – P – 23½°

4. Der **Halbmesser** des **Gesichtskreises** (die **Aussichtsweite**) beträgt:

Höhe Meter	Weite Kilometer	Höhe Meter	Weite Kilometer
50	27,1	1000	121,1
100	38,3	1500	148,3
150	46,9	2000	171,2
200	54,1	2500	191,9
300	66,3	3000	209,7
400	76,6	4000	242,2
500	85,6	5000	270,7
600	93,6	6000	296,5
700	101,3	7000	320,3
800	108,3	8000	342,4
900	114,8	9000	363,2

Die Formel zur Berechnung dieses Halbmessers (r) für jede beliebige Höhe (h) nach Meterangabe lautet:

$$r = 3828 \cdot \sqrt{h} \text{ Meter.}$$

Die **Größe** der **überschauten Fläche** selbst (in Quadratkilometern) wird noch leichter gefunden, wenn man die Aussichtshöhe (in Metern) mit 40 multipliciert.**)

5. Wir nehmen als **mittlere Geschwindigkeit** an:

     a) für einen (ununterbrochen laufenden) Eilzug 50 Kilometer in der Stunde,

     b) für einen Oceandampfer 25 Kilometer in der Stunde.

Durchgehende Abkürzungen:

     N. O. S. W. = Nord, Ost, Süd, West;

     n. ö. s. w. = nördlich, östlich, südlich, westlich;

dem entsprechend no., sö., nw., sw., ns., ow.

Br. = Breite; L. = Länge. ***)

geogr. = geographisch; mathem. = mathematisch;

astron. = astronomisch.

---

*) Für Orte auf der s. Halbkugel müssen die Formeln für Juni und Dezember vertauscht werden.

**) Vgl. Zeitschrift für Schulgeographie 1893. 12. Heft.

***) Die Abkürzungen für Breite und Länge stehen nur, wenn diese Ausdrücke auf das Gradnetz bezogen sind.

Das germanische Mitteleuropa.

(Abkürzung: germ. M = germanisches Mitteleuropa.)

Lage und Umriß.

1. Bestimme die Mittellage des germ. M. a. nach den um= Lage. gebenden Naturgebieten, b. nach den europäischen Meeren!
2. Durch welchen Fluß gewinnt das germ. M. eine mittelbare Beziehung zu SO.=Europa?
3. Welches ist demnach das einzige europäische Naturgebiet, zu dem das germ. M. nähere Beziehungen nicht hat?
4. Durch welches Meer erhält das germ. M. eine überseeische Bedeutung?
5. Wodurch werden die Naturgrenzen des germ. M. im N. und S. gebildet?
6. An welcher Stelle erklärt die Unsicherheit der n. Natur= grenze ein wiederholtes Schwanken der Staatsgrenze?
7. Durch welche Folge von Gebirgen wird die w. Naturgrenze dargestellt?
8. Welchen Mangel hat die w. gegenüber der n. und s. Grenze?
9. Inwiefern ist die ö. Naturgrenze am mangelhaftesten, und wo tritt sie hier nur scharf hervor?
10. Bestimme a. die äußersten, b. die mittleren Linien im ⁀abnetz für das germ. M.!
11. Womit werden die linksrheinischen Gemeinden, welche bei ⁀rung der mitteleuropäischen Zeit[1]) um Verschiebung des winter= Schulanfanges von 8 auf 1,2 9 Uhr früh einkamen, ihr (erfolg= ⁀such begründet haben?
Für welches Naturgebiet ist a. die mittlere Br. des germ. M.
b. seine n. Grenzbr. mittlere Br.?
Jelche Naturgebiete liegen mit dem germ. M. in gleicher L.?
14. ⁀elche Hauptrichtungen schlägt die mitteleuropäische Nord= seeküste ein?
15. Welche Meerbusen und Flußmündungen, Halbinseln und Inseln bezeichnen ihre Gliederung?

---

1) d. i. nach dem Reichsgesetz vom 12. März 1893 die mittlere Sonnen=
,eit des 15. Längengrades richtiger Längenkreises — D. V.) ö. von Greenwich.

16. Welche Ähnlichkeit der Gestaltung zeigen die drei Meer=
busen untereinander?

17. Worin erkennen wir die Reste einer ehemaligen Strand=
linie an der Nordseeküste?

18. Bestimme die Hauptteile der deutschen Ostseeküste, a. nach
der Richtung, b. nach den Landschaften, zu denen sie vorwiegend
gehören, und begrenze die einzelnen Stücke durch Küstenpunkte!

19. Durch welche eigentümliche Form der Meeresteile wird
a. die schleswig=holsteinische, b. die mecklenburgisch=pommersche
Küste charakterisiert?

20. Welche Gestaltung zeigen die ö. Küsten Pommerns und
Preußens an den Flußmündungen?

21. Welche Halbinseln entstehen durch die gesuchten Meeres=
teile?

22. Welche Inseln bereichern die einzelnen Stücke unserer
Ostseeküste?

23. Welche Vorzüge genießt nach Hinterland und Gegengestade
die Nordsee vor der Ostsee?

24. Vergleiche die Ostsee mit dem Mittelmeer in Lage, Gestal=
tung und Gegengestaden!

Die Bodenformen.

1. Welche Bodenformen besitzt das germ. M., und in welcher
Anordnung veranschaulichen sie die Abdachung des Landes?

Das Alpengebiet.

(Abkürzung: Alp. = Alpen.)

2. Welche Ebenen umlagern das Alpengebirge?

3. Von welchen Flüssen werden diese Ebenen entwässert, und
mit welchen Meeren setzen sie die Alpen mittelbar in Verbindung?

4. Von welchen Meeren werden die Alp. unmittelbar berührt?

5. Bestimme a. die äußersten, b. die mittleren Br.= und L.=
Kreise für die Alp.!

6. Was sagt die mittlere geogr. Br. der Alp. über ihre Lage
auf der n. Halbkugel?

7. Berechne die Längsachse der Alp. mit Hilfe des Gradnetzes!

8. Bestimme und miß a. die geringste, b. eine mittlere, c. die
größte Breitenausdehnung der Alp.!

9. Berechne aus Längen= und mittlerer Breitenausdehnung den
Flächengehalt der Alp.!

10. Hinter welchen europäischen Gebirgen bleiben die Alp. in
Länge und Fläche zurück?

11. Welche Ähnlichkeiten lassen sich von der Karte lesen a. zwi=

schen Alp. und Karpaten, b. zwischen Alp. und Kaukasus, c. zwischen Alp. und Himalaja?

12. Welcher Unterschied der Abdachung besteht zwischen N.- und Südseite der Alp., und welchen Einfluß hat dies a. auf die Gebirgsansicht, b. auf die Thalbildung hier und dort?

13. Welches sind die Hauptgesteinsarten in den Alp., und wie liegen sie zu einander?

14. Welche Folge von Längsthälern bezeichnet stückweise auf der Nordseite (in der Hauptsache) die Grenze der altkrystallinischen Gesteine gegen Kreide, Jura und Trias der Kalkalp.?

15. Welches Längsthal hat dieselbe Bedeutung auf der Süd-seite?

16. Wo liegt a. Urgestein u., b. Kalkstein s. von der bezeich-neten Längsfurche auf der n. Abdachung?

17. An welchen Flüssen liegt das Hauptgebiet der eruptiven Gesteine?

18. An welchen Stellen sind Seen in größeren Gruppen in die Alp. eingebettet?

19. In welcher Weise teilen sich die drei vornehmsten euro-päischen Völkerstämme in das Alpengebiet?

20. Gieb an, a. welche Stromgebiete, b. welche Staaten durch die Westalp. geschieden werden!

21. Auf welcher Seite haben die Westalp. die größere Sockelhöhe?

22. Benenne die Gruppen der Westalp., und scheide sie durch Pässe und Flüsse voneinander!

23. In welchem Berge gipfelt jede Gruppe?

24. Nenne die fünf bedeutendsten Pässe der Westalp. in der Ordnung von S. nach N., und bezeichne a. ihre Höhe, b. die ver-bundenen Thäler und Landschaften!

25. Welche Alpenstraßen des Westflügels vereinigen sich auf italischer, welche auf französischer Seite, und wie heißen die Ver-einigungspunkte?

26. Welche Thäler werden von einer Alpenbahn benützt, und zwischen welchen Pässen durchsetzt sie den Kamm des Gebirges?

27. Für welche Staaten Europas wird durch sie der Über-landweg nach dem Morgenlande abgekürzt?

28. Berechne den Radius der Aussichtsweite für den Mont-blanc, und beschreibe damit einen Kreis um den Berg!

29. Welche Staaten stoßen an der Montblanc-Gruppe zu-sammen?

30. Welche Thäler führen von französischer und italischer Seite zur Montblanc-Gruppe?

31. In welcher Hauptrichtung und Ausdehnung streichen die penninischen Alp.?

32. Von welchen Thälern werden sie im N. und S., von welchen Pässen im W. und O. begrenzt?

1*

33. Welchen Schluß auf die Kammhöhe gestattet die Ausdehnung der Vergletscherung in den penninischen Alp.?

34. Welche Eigentümlichkeit der Thalbildung zeigt der Nord= abhang der penninischen Alp.?

35. Wie heißt das längste der n. Querthäler, und zu welchen Gipfeln führt es?

36. Welche Thäler verbindet a. der Paß über den großen St. Bernhard, b. die Simplonstraße?

37. Bis zu welchem Passe reichen die lepontischen Alp. ostwärts?

38. Durch welche Längsthäler werden sie von den n. Vor= lagen getrennt?

39. Welche Seen sind in ihre s. Abdachung eingebettet?

40. Zu welcher Art der Seen gehören sie nach ihrem Bau?

41. Welcher Paß führt über den w. Teil der lepontischen Alp., und welche Thäler werden durch ihn verbunden?

42. Über welchen Paß gelangt man aus dem Reußthal a. in das Rhonethal, b. in das Vorder=Rheinthal?

43. Welche Pässe eröffnet das Hinter=Rheinthal, und zu welchen Seen führen sie auf der Südseite der Alp.?

44. Welche Alpenstraßen vereinigen sich am Lago Maggiore?

45. Welche Pässe bezeichnen das n. Ende der rhätischen Alp., und welche Thäler werden durch diese Pässe verbunden?

46. Wie heißt der höchste Gipfel in jeder Kette der rhätischen Alp., und wieviel Meter mißt der höhere von beiden?

47. Welche Längsthäler liegen zwischen den beiden Ketten, und durch welchen Paß werden sie verbunden?

48. Nenne je einen Paß über die n. und die s. Kette, und bezeichne die durch jeden verbundenen Thäler!

49. Umgrenze die Ötzthaler Alp. durch Flüsse, und bezeichne die beiden Stellen, wo diese Umgrenzung unterbrochen ist!

50. Wie heißt das längste Querthal a. auf der n., b. auf der s. Abdachung der Ötzthaler Alp.?

51. Welches ist der höchste Gipfel der Ötzthaler Alp.?

52. Was ist an der astron. und geogr. Lage des Brenner merkwürdig?

53. Welche Haupt= und Nebenthäler verbindet er?

54. Welcher Paß verbindet dieselben Hauptthäler unmittelbar?

55. Umgrenze die Berner Alp. nach Flußläufen!

56. Bezeichne ihre Hauptrichtung und die Verhältnisse ihrer Abdachung!

57. In welcher Hinsicht ist in den Berner Alp. die Natur des Hochgebirges am reichsten entfaltet?

58. Welche Thäler führen mit ihren Verzweigungen am tiefsten in die Gletscherwelt des Berner Oberlandes?

59. Wie heißen die höchsten Berge, zu denen jedes dieser Thäler führt, und in welcher Höhe gipfeln sie?

60. Aus was für Gestein besteht der Teil der Berner Alp., in dem sich die gesuchten Gipfel erheben?

61. Durch welche Flüsse und Seen werden die Vierwaldstätter Alp. begrenzt?

62. Wodurch wird auf der Karte eine Thalung ersichtlich, welche die Vierwaldstätter Alp. in ihrer Mitte durchsetzt, und zwischen welchen Seen bildet sie die kürzeste Verbindung?

63. Welchen Schluß gestattet die Gestalt. des Vierwaldstätter Sees auf die in ihm vereinigten Bildungsformen?

64. In welcher Richtung muß man den See befahren, um seine Reize in ihrer Steigerung zu genießen?

65. Nenne je einen Berg an seinem ö. und w. Gestade, und gieb an, welchen Einfluß die Eigenart ihrer Lage auf den Reiz ihrer Aussicht (Ansicht, Fernsicht, Rundschau!) haben wird!

66. In welchen Flüssen und Seen finden die Glarner Alp. ihre Grenzen?

67. Wie heißt ihr höchster Gipfel, welches Flußthal führt zu ihm, und zu welchen Thälern gehört es nach seinem Bau?

68. Wonach tragen die Thuralp. ihren Namen, und wodurch wird ihre ö. und n. Grenze gebildet?

69. Nenne ihren höchsten Berg, und gieb an, welche Alpengebiete und welche Mittelgebirge von seinem Gipfel aus zu sehen sind!

70. Welcher schweizerischen Gruppe der n. Kalkalp. gleichen die Algäuer Alp. in ihrem Bau am meisten, und welche Thäler werden demnach auch ähnliche Bildung zeigen?

71. Wodurch werden die Algäuer Alp. von ihren ö. Nachbarn geschieden?

72. Nach welcher Seite besitzen die N.-Tiroler Kalkalp. einen geschlossenen, steilen Rand?

73. Welche Eigentümlichkeit des Baues zeigt ihre n. Abdachung, und wofür ist das vorteilhaft?

74. In welchen Flußthälern sind wichtige Straßenzüge durch und über das Gebirge vorgezeichnet?

75. Auf welche Pässe im Urgesteinskamm werden sie hinstreben?

76. Nenne die beiden höchsten Gipfel der N.-Tiroler Kalkalp., bezeichne ihre Höhe und ihre Lage im Gebirge!

77. Welche Seen der N. Tiroler Kalkalp. sind a. als Clusen-, b. als Comben-, c. als Randseen aufzufassen?

78. Wo beginnen die s. Vorlagen der Mittelalpen, und wieweit ziehen sie ostwärts?

79. In welcher Richtung wächst ihre Ausdehnung, und wie verhält sich hierzu das Wachstum ihrer Gipfelhöhen?

80. Benenne ihre drei Gruppen, und scheide jede von der andern durch ein Flußthal!

81. Durch welches Joch werden die Ortler-Alp. von den rhä-

tischen Alp. geschieden, und welche Thäler und Landschaften ver=
bindet es?

82. Wie stellt sich seine Höhe zu der des Brenner?

83. Bis zu welcher Höhe steigt der Ortler empor, und um
wieviel Meter bleibt der Gipfel des Monte Adamello hinter ihm
zurück?

Chalr. 84. Durch welche Folge von Thälern werden die Ostalp. von
den Mittelalp. geschieden?

85. Welcher Verkehrsweg benutzt diese Thälerfolge?

86. Welche Thäler scheiden das Urgesteinsgebiet des Ostflügels
von den n. und s. Kalkalp.?

87. Wie heißt die erste Gruppe der Uralp., und durch welches
Thal dringt man zu ihren höchsten Gebieten vor?

88. Zwischen welchen Flußquellen ziehen die hohen Tauern?

89. Welche Anordnung der Thäler zeigt ihre n. Abdachung,
und welcher Gruppe der Mittelalpen gleichen sie hierin am meisten?

90. Welches ist das längste der Thäler, das a. von N.,
b. von S. her den Zugang zu den hohen Tauern eröffnet?

91. Zu welchem Gipfel führt das s. der gesuchten Thäler, und
für welche österreichischen Kronländer bildet er einen Grenzpfeiler?

92. Nenne einen bedeutenden Tauerngipfel w. vom Großglockner,
und vergleiche ihn mit letzterem in der Höhe!

93. Entscheide durch Berechnung der Aussichtsweite, ob der
Großvenediger seinen Namen davon haben kann, daß Venedig in
sein Gesichtsfeld falle!

94. Welche Beziehung besteht in der astron. Lage zwischen
Venedig und Venediger?

95. Benenne die Ketten a. des n., b. des s. Zuges der Ur=
gesteinsalpen ö. von der Murquelle!

96. In welchem Berge gipfelt jede der beiden n. Ketten?

97. Welcher Paß scheidet die niederen Tauern von den Eisen=
erzer Alp., und welche Städte am N.= und Südfluß der Alp. er=
halten durch den Schienenweg über ihn ihre kürzeste Verbindung?

98. Über welchen Paß führt der kürzeste Weg von Wien nach
Graz, und in welchen Thälern läuft dieser Weg?

99. Vergleiche die Doppelkette der rhätischen Alp. mit den
Urgesteinsalpen zwischen Murquelle und Semmering a. im Bau
des Ganzen, b. in der Höhe der Kämme und Gipfel, c. in den
gleichgelegenen Pässen und Thälern!

100. Begrenze die n. Vorlagen der Ostalp.!

101. Bestimme das Gebiet der höchsten Erhebung in den
Salzburger Alp., und nenne dort a. zwei Gipfel, b. einen See!

102. Wodurch wird eine wichtige Lücke im Südrande der
Salzburger Alp. bezeichnet, und welcher Verkehrsweg benutzt sie?

103. Wodurch werden die österreichischen Kalkalp. von den
Salzburger Alp. geschieden?

104. Welche Bildungsform der Kalkalp. ist in ihnen am schärfsten ausgeprägt?
105. Welchen Namen führt die w. Landschaft der österreichischen Kalkalp., und von welchem Flusse wird sie entwässert?
106. Wie heißt der höchste Gipfel der österreichischen Kalkalp., und worin ist er dem der Salzburger Alp. zu vergleichen?
107. In welcher dreifachen Hinsicht heißt der Schafberg mit Recht „österreichischer Rigi"?
108. Welches ist die letzte bedeutende Erhebung der österreichischen Kalkalp. mit alpinem Charakter?
109. In welchem Mittelgebirgszuge finden die österreichischen Kalkalp. ihr ö. Ende, und wo liegt dasselbe?
110. Begrenze die s. Vorlagen des Ostflügels!
111. Durch welches Thal werden diese Vorlagen von den Zillerthaler Alp. und Tauern geschieden?
112. Welcher Paß bezeichnet die Wasserscheide zwischen Trau- und Etschgebiet?
113. Nenne andere Alpenpässe, welche benachbarte Längsthäler verbinden!
114. Von welchen Thälern wird das Gebiet der Südtiroler Dolomiten begrenzt?
115. Nenne den höchsten Gipfel der Dolomiten, und bezeichne seine Höhe und die Lage in der Gruppe!
116. Durch welches Thal wird man ihn von W. her am bequemsten erreichen, und an welchem Fluß geht man dabei entlang?
117. Wie unterscheiden sich im Bau Dolomiten und karnische Alp.?
118. Welches Gebirge bildet die ö. Fortsetzung der karnischen Alp.?
119. Wodurch wird es von den julischen Alp. geschieden?
120. Welches Flußthal bezeichnet a. das w., b. das ö. Ende der julischen Alp.?
121. In welchem Berge gipfeln die julischen Alp., und welcher Gipfel von gleicher Höhe liegt mit ihm in derselben Br.?
122. Welcher Paß leitet über die julischen Alp., und in welches Thal führt er südwärts?
123. In welches Mittelgebirge gehen die julischen Alpen über, und welche Bildungsform ist ihm eigentümlich?
124. Ordne die vornehmsten Gipfel des ganzen Alpengebietes nach der Höhe!
125. Ordne nach der Höhe die Pässe, welche a. über den Hauptkamm des Urgesteins führen, b. Längsthäler im Urgesteine verbinden, c. auf der Scheide zwischen Ur- und Kalkalp. und d. im Gebiete der Kalkalp. liegen!
126. Stelle die Querthäler zusammen, welche a. die einzelnen Gruppen scheiden, b. in diese Gruppen hineinführen, und gieb in jedem Falle die geschiedenen, bez. aufgeschlossenen Gruppen an!

127. Bestimme und miß das Stück des einfachen Urgebirgs kammes mit der dichtesten Folge von Alpenpässen!

128. Bestimme ein mehr als doppelt so großes Stück des einfachen Urgebirgskammes, über welches keine Alpenstraße führt!

129. In welchen Teilen der Alp. ist eine doppelte Überschrei=tung des Urgesteinskammes notwendig bei einer Durchquerung in der Richtung von N. nach S.!

130. Gieb für jeden dieser Alpenteile ein Beispiel an!

131. Welche Bahnen überschreiten unter Benutzung von Quer=thälern den Urgesteinskamm der Alp., und wie heißen die Thäler, durch welche jeder dieser Schienenwege führt?

132. Welche Bahnen benutzen vorzugsweise die Längsthäler der Alpen, und an welchen Stellen liegen ihre Gleise in der geo=logisch und geogr. merkwürdigen Scheidelinie zwischen Urgesteins= und Kalkalp.?

Das deutsche Mittelgebirgsland.

Die voralpine Hochebene und der Juragug.

133. Welche Gebirge begrenzen die Hochebene am Nordfuße der Alpen?

134. Welchen Flußgebieten gehört die Hochebene an, und in welche Teile zerfällt sie nach denselben?

135. Wo liegt die Grenze zwischen beiden Teilen?

136. Welche Oberflächengestaltung zeigt die Schweizer Hoch=ebene?

137. In welcher Richtung dacht sie sich ab, und wodurch wird die tiefste Stelle der Abdachung bezeichnet?

138. Bestimme den Gebirgsrahmen der süddeutschen Hoch=ebene!

139. Welche Gestalt zeigt sie in diesem Rahmen?

140. Auf welchen Linien des Gradnetzes kann man ihre größte Längs= und Breitenausdehnung messen?

141. Wie groß ist a. jede von ihnen, b. der mit ihrer Hilfe berechnete Flächenraum der Ebene?

142. Welchen Unterschied zeigt ihre Oberfläche gegenüber der Schweizer Hochebene?

143. In welche Teile zerlegt sich die süddeutsche Hochebene nach der Abdachung, und welche Landschaftsnamen entsprechen diesen Teilen?

144. Welcher Fluß scheidet beide Landschaften voneinander?

145. In welcher Stromrinne sammeln sich die Gewässer der Ebene, und wie liegt die erstere zu letzteren?

146. Welche Erscheinungen zeigen die Uferlandschaften der Flüsse auf der Ebene, und mit welchem Namen werden sie a. in Schwaben, b. in Bayern belegt?

147. Inwiefern bezeichnen die nw. Randgebirge der voralpinen

Hochebene eine geologische Einheit, und welcher einheitliche Name entspricht dem?

148. In welche Teile zerlegt man den ganzen Jurazug, und in welchen Landschaften und Querthälern sieht man die Grenzen dieser Teile?

149. Inwiefern wird diese geogr. Zerlegung geologisch gestützt?

150. In welcher Hauptrichtung streicht der Schweizer Jura?

151. Kennzeichne die Eigentümlichkeit seines Baues durch einen Querschnitt von SO. nach NW.!

152. Welche Folgen hat der Bau für Verkehrs= und Staatsver= hältnisse?

153. Wie heißt der höchste Berg im Schweizer Jura, und in welcher Richtung nehmen von ihm aus die Gipfelhöhen ab?

154. Auf welche Landschaften werden die Juraberge eine vor= zügliche Aussicht gewähren?

155. Worin gleicht der schwäbische dem Schweizer Jura, worin weicht er von ihm ab?

156. Wie heißt der mittlere Teil des schwäbischen Jura, und auf welcher Seite seiner Abdachung zeigt er die reichere Gliederung?

157. Suche a. Ähnlichkeiten, b. Unterschiede zwischen schwä= bischem und fränkischem Jura in Höhe, Richtung, Gestaltung und Thalbildung?

158. Zu welcher Landschaft dacht sich der fränkische Jura im O. ab?

159. Welche Gebirge bilden den Rahmen des böhmisch=mäh= rischen Stufenlandes?

160. Welche geologische Einheit bildet das böhmisch=bayrische Waldgebirge?

161. Welche Senke bezeichnet sein n. Ende, und gegen wel= ches Gebirge bildet sie die Grenze?

162. Welche Landschaften verbindet der Verkehrsweg durch diese Senke?

163. Welcher Paß zerlegt das Gebirge in zwei Hauptstücke, und welche Eisenbahn benutzt ihn?

164. Wie heißen die Erhebungen a. n., b. s. von diesem Passe, und wie unterscheiden sie sich in Höhe und Bau voneinander?

165. Nenne die beiden höchsten Gipfel des böhmisch=bayrischen Waldgebirges, und berechne, ob man von dem höchsten einen Blick auf die Alpen haben kann!

166. Welcher Fluß bildet das größte Längsthal des Gebirges?

167. Welche Erhebungen bilden eine sö. Fortsetzung des böh= misch=bayrischen Waldgebirges, und welches Gepräge zeigt ihr Bau?

168. Welcher Verkehrsweg benutzt die Senke zwischen ihnen und dem böhmisch=bayrischen Waldgebirge?

169. Welche Gebirge bilden den NW.=Rand Böhmens, und für welche Staaten verläuft auf ihnen die Grenze?

170. Vergleiche die Höhe des Elstergebirges mit der des
ö. und w. Nachbargebirges, und ziehe daraus einen Schluß auf
seine Verkehrsbedeutung!

171. Veranschauliche durch einen Querschnitt, der vom Eger-
thale unter 13´ ö. L. bis nach Altenburg gedacht ist und im fünf-
fachen Maßstabe der Karte mit zehnfacher Überhöhung gezeichnet
werden soll, den Bau des Erzgebirges!

172. Welche Gipfel des Gebirges würden in diesem Querschnitt
zur Darstellung kommen?

173. Inwiefern wird die Aussicht von dem einen die vom
andern ergänzen?

174. Aus welchen Gesteinen baut sich das Erzgebirge auf?

175. Wo sind ihnen die Schichten der Steinkohlenformation
aufgelagert?

176. Welche jüngeren Schichten lagern ö. vom Erzgebirge
über dem krystallinischen Urgestein?

177. Wie heißt das Gebirge, das sich aus diesen Schichten
aufbaut, und wonach ist es benannt?

178. Bezeichne seinen höchsten Berg und dessen Lage a. zur
Elbe, b. zur Staatsgrenze!

179. Welchen Gesamtnamen führt der Gebirgszug auf der
NO.-Seite des böhmisch-mährischen Stufenlandes?

180. Wie unterscheidet er sich im Bau von den Gebirgen des
NW.-Randes?

181. Wodurch wird das Lausitzer Gebirge vom Isergebirge
geschieden?

182. Benenne die Senke zwischen beiden Gebirgen nach einer
größeren Stadt in ihr!

183. Zwischen welchen Landschaften stellt sie eine bequeme
Verbindung her?

184. Zwischen welchen Flußläufen liegen Iser- und Riesengebirge?

185. Durch welche Flüsse werden beide voneinander geschieden?

186. Nach welcher Seite wird man bei einer Kammwanderung
über das Riesengebirge den umfassenderen Blick haben, und welchen
Thalkessel wird man insbesondere überschauen?

187. Wie heißt der höchste Gipfel a. im Iser-, b. im Riesengebirge?

188. Berechne, ob Breslau und Prag im Gesichtskreis der
Schneekoppe liegen!

189. Welchen Flüssen giebt das Riesengebirge den Ursprung,
und welche Flußgebiete scheiden sich demnach auf ihm?

190. Welcher Verkehrsweg benutzt die Senke am ö. Ende des
Riesengebirges?

191. Welches Bergland wird durch diese Senke vom Riesengebirge geschieden?

192. Wie heißen a. die w., b. die ö. Züge seiner Umrandung?

193. Nach welchen Orten kann man die Einsenkungen be zeichnen, durch welche die Hauptketten jedes Zuges gegliedert werden?

194. Von welcher Seite her ist der breiteste und bequemste Zugang zum Glatzer Bergland, und inwiefern entspricht dem seine politische Zugehörigkeit?

195. Welche geologische Bildung giebt dem Waldenburger Gebirge eine erhöhte Bedeutung?

196. Worin kommt diese Bedeutung auf der Karte der Be völkerungsdichte zur Erscheinung?

197. Wo und in welchem Berge erhebt sich das Glatzer Berg land am höchsten?

198. In welche Teile zerfällt dem Bau nach das Gesenke?

199. In welchem Berge gipfelt es, und wieviel Meter bleibt er hinter der Schneekoppe zurück?

200. Wo finden mit dem Gesenke zugleich die Sudeten ihre sö. Grenze, und von welchem Gebirge werden sie hier getrennt?

201. Welche Flüsse fließen in der Senke zwischen beiden Ge birgen und welche Wasserscheide läuft demnach über die Senke hin weg?

202. Nenne a. die Natur-, b. die Staatsgebiete, welche durch diese Senke eine bequeme Verbindung erhalten!

203. Welche Bodengestalt zeigen die innern Landschaften Böh mens?

204. Welche Flußpaare bezeichnen die einzelnen Abstufungen des Landes von S. nach N.?

205. Welcher Fluß bezeichnet die tiefsten Stellen jeder ein zelnen Stufe und das Höhenverhältnis aller drei zueinander?

206. Zeichne drei Querschnitte, in welchen die Antwort auf die beiden vorigen Fragen veranschaulicht wird!

207. Wie nennt man die ö. Anschwellung der böhmischen Stufen, und mit welchem Rechte kann man sie als böhmisch=mäh rische Wasserscheide bezeichnen?

208. Wo läßt diese Bodenschwelle die bequemste Verbindung zwischen Böhmen und Mähren zu?

209. Welche Unterschiede zeigen die drei böhmischen Stufen nach dem vorherrschenden Gestein?

210. Auf welchen Stufen und in welchen Teilen derselben liegen Schichten der produktiven Kohlenformation?

211. Welche Ebenen erhöhen die Mannigfaltigkeit der Boden gestaltung Böhmens?

212. Welches selbständige Gebirge erhebt sich im n. Böhmen, und inwiefern wahrt es auch in der geologischen Bildung seine Eigenart?

213. In welchem Berge gipfelt es, und wohin wird der Blick von ihm aus besonders schön und lehrreich sein?

214. Welche Verschiedenheit der Abdachung zwischen Böhmen und Mähren tritt a. in der Richtung des Hauptflusses hier und dort, b. in seiner Lage auf der Bodenfläche hervor?

215. Wie heißt die größte Kesseleinsenkung im mährischen Stu=fenlande, und zu welcher Senke öffnet sie sich im O.?

216. Zu welcher großartigen Beckenbildung dachen sich die mährischen Stufen sö. ab?

217. Von welchen Flüssen wird das Becken geschnitten?

218. Welcher Teil des Beckens wird insbesondere als March=feld bezeichnet?

219. Durch welches Flußthal wird das Fichtelgebirge vom Jura getrennt?

220. Von welchen Linien im Gradnetz wird das Fichtelgebirge geschnitten, und was folgt hieraus für seine Lage im germ. M.?

221. Welche Eigentümlichkeit zeigt das Fichtelgebirge in sei=nem Bau, und mit welchem Teile des Sudetenzuges ist es hierin zu vergleichen?

222. Nach welcher Seite öffnet sich das Fichtelgebirge, und welcher Fluß benutzt diese Öffnung?

223. Welche Flüsse rinnen außerdem vom Fichtelgebirge, und in welcher Richtung nehmen sie ihren Lauf?

224. Welche Stromgebiete stoßen demnach am Fichtelgebirge zusammen?

225. Wie heißt der höchste Berg im Fichtelgebirge, und wie hoch ist er?

226. Welche Namen trägt der Gebirgszug, der vom Fichtel=gebirge aus nach NW. streicht, und wo liegt sein Ende?

227. Wie unterscheiden sich seine Teile im Bau, und bei wel=cher Flußquelle trennen sie sich voneinander?

228. In welchem Berge und mit welcher Höhe gipfelt der **Thüringer Wald?**

229. Wie unterscheidet sich der Inselsberg vom Beerberg a. nach der Höhe, b. nach der Lage zum Gebirgskamm, und warum wird er nach dieser Lage jenen in der Schönheit der Aussicht übertreffen?

230. Welche Bodengestaltung zeigt das Land auf der nö. Ab=dachung des Thüringer Waldes?

231. Welche Gewässer begrenzen dieses Land im O., W. und N.?

232. Welche Stelle Thüringens kann man als Thüringer Becken bezeichnen, und wie unterscheidet es sich geologisch von seiner Um=gebung?

233. Wie erklärst du dir nach der geologischen Karte die Ent=stehung des Thüringer Beckens?

234. In welcher benachbarten Landschaft wiederholt sich die Beckenbildung?

235. Von welchem Flusse wird diese Landschaft durchströmt, von welchem Berge überragt?

Die schwäbisch=fränkischen Stufen und ihre Randgebirge.

236. Welcher Fluß scheidet die Rhön vom Thüringer Walde?
237. Welches Gestein tritt besonders in den Gipfeln der Rhön zu Tage?
238. Wie heißt der höchste Berg in der Rhön, und worauf weist sein Name hin?
239. In welchen Flußlinien findet der Spessart natürliche Grenzen, und von welchen Bodenerhebungen wird er durch sie geschieden?
240. Wie stellt sich in seiner Gesamterhebung und in der Höhe seiner Gipfel der Spessart zur Rhön?
241. In welchen Verhältnissen ähnelt der Odenwald dem Spessart?
242. Suche den höchsten Berg im Odenwalde, und bezeichne seine Lage a. im Gebirge, b. zu einem benachbarten Flusse!
243. Wie heißt die Landschaft am w. Abhang des Odenwaldes, und welcher Berg wird uns einen schönen Blick auf sie gewähren?
244. Welcher Punkt auf der linken Neckarseite gehört geognostisch noch zum Odenwald?
245. Sprich dich über Richtung, Ausdehnung und Bau des Schwarzwaldes aus?
246. Welchen Schluß erlaubt die Natur des Gesteins auf die Gestalt der Schwarzwaldgipfel?
247. In welchem Teile des Schwarzwaldes liegen die höchsten Gipfel, wie heißen die zwei höchsten, und wie stehen sie nach ihrer Höhe a. zur Schneekoppe, b. zum Arber?
248. Welche Flußthäler bilden die natürlichen Zugangsstraßen der Schwarzwaldpässe?
249. Welches dieser Thäler wird von der „Schwarzwaldbahn" benützt, und welche Flüsse, bez. Landschaften dies- und jenseits des Gebirges werden durch sie verbunden?
250. In welchem Berglande endigt nordwärts der Schwarzwald?
251. Welche Stellung nimmt es nach seiner Höhe in der Umrandung der schwäbisch-fränkischen Stufenlandschaften ein?
252. Von welcher Seite her nur gewährt es den Anblick eines Gebirges?
253. Welche geognostische Einheit stellen die schwäbisch-fränkischen Stufenlandschaften dar, und wie unterscheiden sie sich nach ihrem geologischen Alter von den böhmisch-mährischen Stufen?
254. Welches sind die zwei wichtigsten Flußthäler der schwäbisch-fränkischen Stufen, und wie verteilen sie sich auf letztere?
255. Zu welchem Höhenrücken schwellen die fränkischen Stufen im SW. an, und welche Bedeutung hat er für die Scheidung a. der Flußgebiete, b. der Landschaften, c. der Volksstämme, d. der Staaten?

256. Welche Gebirge bilden den Rahmen der lothringischen Hochebene?

257. In welcher Richtung und Länge streicht der **Wasgenwald**?

258. Durch welche Landschaft wird er im S. vom Schweizer Jura getrennt?

259. Welche Flußgebiete und Länder gewinnen in jener Land= schaft eine bequeme Verbindung, und in welcher Verkehrslinie kommt sie zum Ausdruck?

260. Zu welchen Gebirgen gehört der Wasgenwald nach sei= nem Bau?

261. Wieviel Hauptketten treten in ihm scharf hervor, und wie liegen sie zu einander?

262. Wo erheben sich die höchsten Gipfel des Wasgenwaldes, und wie heißt der bedeutendste?

263. Nenne den höchsten Berg in der w. Kette, und gieb an, a. welche Stelle der deutsch=französischen Staatsgrenze er bezeichnet, b. welcher Fluß in seiner Nähe entspringt!

264. Bei welchem Orte verliert der Wasgenwald im N. seinen Gebirgscharakter?

265. Durch welche Verkehrswege wird diese Stelle bezeichnet, und welche Natur=, bez. Flußgebiete erhalten so eine Verbindung?

266. Inwiefern wird der Wert dieser Verkehrsstelle recht augenscheinlich, wenn man den Bau des Gebirges nach der Schwierig= keit der Straßen= und Bahnanlagen betrachtet?

267. Vergleiche Wasgenwald und Schwarzwald auf Ähnlich= keiten und Unterschiede in Richtung und Ausdehnung, orographischen und geologischen Bau, Lage und Höhe der bedeutendsten Gipfel!

268. Welchen Namen führt die Fortsetzung des Wasgenwaldes, welche Bodenform liegt ihr rechts vom Rheine gegenüber, und in welchen Verhältnissen der geographischen und geognostischen Bil= dung gleicht sie ihr?

269. Welcher Fluß bezeichnet das n. Ende der Hart?

270. Wie heißen die höchsten Erhebungen der Hart, und aus was für Gesteinen setzen sie sich zusammen?

271. In welchem Punkte gleicht a. der Kalmit dem Meli= botus, b. der Donnersberg dem Katzenbuckel?

272. In welche Bodenform geht die Hart westwärts über, und welchen Landschaftsnamen führt sie?

273. In welcher Hauptrichtung erfolgt die Abdachung der **lothringischen Hochebene**, und durch welche Flüsse wird sie veran= schaulicht?

274. Welches Ebenmaß in der Anordnung der geologischen Schichten zeigt ein Vergleich zwischen schwäbischen und lothringischen Stufen samt ihren Randgebirgen, und welche Bodenformen ent= sprechen demnach geognostisch im einzelnen einander?

275. Welche Ähnlichkeit im Oberflächenbau beider Stufenländer

kommt in der Entwicklung ihrer Hauptflüsse zum Ausdruck, und welche bez. Punkte im Flußlaufe entsprechen einander auch in der geogr. Br.?

276. Welche Gebirge bilden den ö., w. und n. Rand der oberrheinischen Tiefebene?

277. In welche Landschaften geht sie nord= und südwärts über?

278. Welche wichtigen Straßen führen in die oberrheinische Tiefebene?

279. Zwischen welchen Breitenkreisen liegt die oberrheinische Tiefebene, und wie lang muß sie demnach mindestens sein?

280. Welche Stellung nimmt die oberrheinische Tiefebene klimatisch im germ. M. ein?

281. Suche eine Gebirgsinsel in der oberrheinischen Tiefebene auf, benenne sie, bestimme ihre Lage und ihre geognostische Beschaffenheit!

282. Zeichne im doppelten Maßstab der Karte und mit fünf=zigfacher Überhöhung einen Querschnitt, der von der Maasquelle über die höchsten Gipfel des Wasgen= und Schwarzwaldes bis zum Bodensee reicht!

283. Welcher Meridian bezeichnet ungefähr die ö. Grenze des rheinischen Schiefergebirges?

284. In welchen Flußläufen liegt die sö. Grenze des Gebirges, und von welchen Bodenformen wird es so geschieden?

285. In welche Bodenformen geht das Schiefergebirge all=mählich im SW. und N. über?

286. An welcher Stelle dringt die Tiefebene am weitesten in das Schiefergebirge ein?

287. Inwiefern stellt das so begrenzte Gebirge eine geogno=stische Einheit dar?

288. Wieviel Kilometer beträgt a. die größte Ausdehnung der Schichten des Devon v. W. nach O., b. die kleinste von N. nach S.?

289. An welchen Stellen schließen sich an das Devon die Schichten der Steinkohlenformation an, und in welchen Flußthälern erscheint dieselbe in produktiven Kohlenbecken?

290. Inwiefern entspricht der geognostischen Einheit des Ge=birges auch eine solche im allgemeinen Charakter der Oberflächen-bildung?

291. Wodurch erfährt das ganze Gebirge seine hauptsächlichste Gliederung, und wie heißen die entsprechenden Teile a. rechts, b. links vom Rheine?

292. Welche von beiden Seiten zeigt das größere Ebenmaß in der Gliederung?

293. Welche Flußthäler werden als Querthäler, welche an deren als Längsthäler aufzufassen sein, da die Schichten des Ge=birges vorzugsweise von SW. nach NO. gerichtet sind?

294. Wie unterscheiden sich die Flußläufe der Längs- und Querthäler voneinander, und welche Laufstücke stehen insbesondere im schärfsten Gegensatz?

295. In welcher Weise bringt a. die Karte der Jahrestemperaturen, b. der Bevölkerungsdichte den Unterschied der Rand- und Thallandschaften gegenüber den Hochebenen des Schiefergebirges zum Ausdruck?

296. Wie heißt das sw. Stück des Schiefergebirges, und von welchen Flüssen wird es begrenzt?

297. Wie heißen die hier der Hochebene aufgesetzten Höhenzüge, und wie hoch steigen sie empor?

298. Welchen Namen führen die Hochflächen nw. von der Mosel?

299. In welchen geognostischen Verhältnissen unterscheiden sie sich von den übrigen Teilen im w. Flügel des Schiefergebirges?

300. Welcher See liegt im ausgedehntesten Gebiete der Eruptivgesteine der Eifel?

301. Mit welchem Namen bezeichnet man den nw. Abfall der Eifel?

302. Wie heißt der westlichste Teil des Schiefergebirges, und in welcher Flußrinne findet er seine n. Grenze?

303. Mit welcher Bodenform verschmilzt er im S.?

304. Wie heißt das südöstlichste Stück des Schiefergebirges, und aus welchen Thälern und Ebenen erhebt es sich?

305. Von welcher Seite her macht es am meisten den Eindruck eines Gebirges?

306. Wie heißt der höchste Gipfel im Taunus, und welche Stellung giebt ihm seine Höhe im ganzen Schiefergebirge?

307. Welchen Rand des Gebirges bezeichnet man als Rheingau, und welche Verhältnisse der Lage mögen dazu beitragen, daß hier die feinsten Rheinweine gedeihen?

308. Von welchen Flußlinien wird der Westerwald begrenzt?

309. Wie heißt das kleine Gebirge im Winkel von Sieg und Rhein, und was ist an ihm geognostisch merkwürdig?

310. Welche Landschaft schließt sich jenseit der Sieg an den Westerwald an, und wie weit reicht sie nordwärts?

311. Wie unterscheidet sie sich in ihrer Lage zum Rheinlauf von Westerwald und Taunus?

312. Welcher Hügelzug bildet im O.-Flügel des rheinischen Schiefergebirges den Abschluß gegen das Tiefland?

313. Zu welchem Berglande schwellen Westerwald und Sauerland im O. an?

314. Für welche Flußgebiete liegt auf diesem Berglande die Wasserscheide?

315. Welche Berge im Rothaargebirge erscheinen als besonders wichtige Quellpunkte?

316. Welche Sätze ergeben sich bei einem Vergleich, der sich
a. zwischen Hunsrück und Taunus auf die Ähnlichkeit der Oberflächengestaltung, b. zwischen Eifel und Westerwald auf eine geo=
logische Eigentümlichkeit, c. zwischen hohem Venn und Sauerland
auf die Lage zum Scheidethal des Rheines bezieht?

317. Wie heißen die einzelnen kleinen Gebirge, die man al= *Hessisch=s*
hessisches Bergland zusammenfaßt? *Bergland.*

318. Bestimme die Lage jedes einzelnen nach den Flüssen der
Landschaft!

319. Auf welchen geologischen Schichten erheben sie sich, und
aus was für Gesteinen setzen sie sich vorzugsweise zusammen?

320. Wie heißt die größte Massenanhäufung eruptiver Gesteine
im hessischen Berglande, und welche Stellung gewinnt sie nach ihrer
Ausdehnung im germ. M.?

321. Mit welchen Gebirgen derselben geologischen Bildung
liegt sie in gleicher Br.?

322. Mit welchem Berge und in welcher Höhe gipfelt der
Vogelsberg?

323. Welcher Fluß kann als n. Grenze des hessischen Berg=
landes gelten?

324. Welche Gesteinsarten, die wir im Schiefergebirge und *Weserberg=*
im hessischen Berglande kennen lernten, fehlen dem Weserberglande *land.*
fast ganz?

325. Welche Gebirgsketten bilden die w. Begrenzung des
Weserberglandes?

326. Wie unterscheiden sie sich a. in der Richtung, b. in der
Ausdehnung voneinander, und wieviel Kilometer mißt das längere
von beiden?

327. Welches Gebirge erscheint als ein Parallelzug zum Teu=
toburger Walde, und welche Flüsse begrenzen es?

328. In welchen Zügen setzt es sich auf dem rechten Weser
ufer fort?

329. Wie heißt das nordöstlichste der kleinen Wesergebirge,
und für welche Stadt schließt es den Gesichtskreis im SW. ab?

330. In welchem Gebirge erreicht das Weserbergland seine
bedeutendste Erhebung, und wieviel Meter beträgt sie?

331. Welcher Fluß kann als ö. Grenze des Weserberglandes
aufgefaßt werden?

332. Vergleiche den Harz mit dem Thüringer Walde auf *Harz.*
Ähnlichkeiten und Unterschiede in Lage und Ausdehnung, orogra
phischem und geologischem Bau!

333. Wo findet sich im Harz eine größere Granitinsel, und
wie heißt ihr höchster Gipfel?

334. Nach welcher Seite wird die Aussicht vom Brocken be
sonders schön und umfassend sein, und inwiefern liegt das an der
selben Ursache wie beim Inselsberg im Thüringer Walde?

335. Wie groß ist die Fläche, welche man vom Brocken aus überschaut?

336. Wie weit muß man südwärts gehen, ehe man einen Gipfel der deutschen Mittelgebirge findet, der höher ist als der Brocken?

337. Wie heißt der bedeutendste Fluß im Harz, und welchen Schluß auf die Richtung der Schichten des Gebirges erlaubt seine reiche Entwicklung?

338. Welche Eigentümlichkeit zeigt der Harz a. in seiner po= litischen Zugehörigkeit, b. in der Sprache seiner Bewohner, c. in den Verdichtungsgraden der Bevölkerung?

339. Zu welchem Gebirge bildet er in dem ersten Punkte ein Seitenstück?

Das germanische Tiefland.

340. Worin findet das germ. Tiefland a. im N., b. im S. seine Grenze?

341. Wodurch wird es von der benachbarten französischen Tiefebene getrennt?

342. Zu welchem Flachlande öffnet sich die germ. Tiefebene im O.?

343. Wie lang ist eine Gerade, die durch das germ. Tief= land von der flandrischen Grenzhöhe bis zum Njemen gezogen wird, und in wieviel Stunden würde sie, als Schienenweg gedacht, von einem Eilzug durchlaufen werden?

344. An welchen Stellen schieben sich die deutschen Mittel= gebirge am weitesten in die Ebene vor, und auf wieviel Kilometer wird sie dort verengert?

345. Mit welchen Buchten dringt die Ebene am weitesten in das Mittelgebirge ein, und wie weit sind in jedem einzelnen Falle ihre äußersten Punkte vom Meere entfernt?

346. Welcher Teil der germ. Tiefebene erscheint als ein= förmigstes Flachland?

347. Wo liegen in ihm die ausgedehntesten Gebiete echter Erdsenken?

348. Welche Dreiteilung zeigt das ö. Stück der germ. Tief= ebene in seiner senkrechten Gestaltung?

349. Wie ist a. nach dem Hauptflusse, b. nach der Landschaft das geräumigste Becken ö. der Elbe zu bezeichnen?

350. An welchen Flüssen finden wir kleinere Beckenlandschaften in der ö. Ebene?

351. Welche Erscheinungen treten an den Flußlandschaften in den Becken hervor?

352. Durch welche Thalungen gliedern sich die Landrücken an der Ostsee, und wie heißen die einzelnen Stücke?

353. Was ist nach der Karte dem Landschaftscharakter aller Landbrücken gemeinsam? 354. In welcher Richtung nehmen die Landbrücken an Höhe und Breite ab? 355. Nenne die ausgedehntesten Hügellandschaften am s. Rande der Ebene in der Folge von SO. nach NW.! 356. Welche dieser Landschaften ist durch ihren Kohlenreichtum bedeutungsvoll, und welche Staaten teilen sich in ihn?

Die Bewässerung.

1. Nenne die größten Ströme, welche innerhalb der Grenzen des germ. M. sich entwickeln, und bestimme die Meere, denen sie zufließen!

2. Welche dieser Flüsse entwickeln sich a. auf nur einer, b. auf zweien, c. auf allen der drei Abdachungsstufen des germ. M.?

3. Mit welchem Namen kann man die unter 2 a. gesuchten bezeichnen?

4. In welcher Ordnung muß man die unter 2 b. gesuchten aufzählen, wenn man sie auf die Länge ihres Unterlaufes prüft?

5. In welchen Verhältnissen der Bodengestaltung hat diese Länge des Unterlaufs ihre Ursache?

6. Welche Ähnlichkeit zeigt die Richtungsgestalt der in 2 b. gesuchten Flüsse untereinander?

7. Von welchen Flüssen liegen nur Teilstrecken im germ. M., und zu welchen Meeren gewinnt es durch sie eine Beziehung?

8. Welches Stück der Donau gehört dem germ. M. an, und welchen Bruchteil vom ganzen Laufe stellt es dar?

9. In welchen Verhältnissen bildet dieses Donaustück einen Gegensatz zu den übrigen Strömen des germ. M.?

10. Aus welchen Bächen bildet sich die Donau, und wo liegen ihre Quellen?

11. In welchen Hauptrichtungen entwickelt sich die Donau im germ. M., und welche Städte bezeichnen den Wechsel in der Richtung?

12. Wo verläßt die Donau das germ. M.?

13. Wo wird die Donau schiffbar, und welche Ursache verzeichnet hierfür die Karte?

14. Von welcher Seite her empfängt die Donau ihre meisten Nebenflüsse, und woraus erklärt sich das?

15. In welche Gruppen kann man die rechten Nebenflüsse der Donau nach den Hauptrichtungen ihrer Entwicklung bringen?

16. Nenne die beiden Flüsse der w. Gruppe, bezeichne ihr Quellgebiet und eine Ähnlichkeit in der Lage ihrer Mündung!

2*

17. Welche Seen fließen ab zur Isar a. in ihrem Quellgebirge, b. auf der Hochebene?

18. Durch welchen Fluß führen die letzteren ihr Wasser der Isar zu?

19. Welche Punkte bestimmen die durch den Wechsel in der Laufrichtung charakterisierten Stücke des Inn, und welche Richtung schlägt der Fluß zwischen je zwei solchen Punkten ein?

20. Welches ist die doppelte Ursache, daß der Inn mehr als jeder andere Alpenfluß die Wassermenge der Donau erhöht?

21. Bezeichne die Gletschergebiete, welche den Inn speisen, und nenne einige Bäche, durch welche sie ihm ihr Wasser zuführen!

22. Wie heißt der größte Nebenfluß des Inn, und in welchen Hauptrichtungen entwickelt er sich?

23. Wie heißt das Thal der Salzach im ersten Stück ihrer Entwicklung, und zu welchen Thälern gehört es nach seiner Bildung?

24. Welchem Umstand verdankt die Salzach ihren außerordent= lichen Wasserreichtum?

25. Welche Seen fließen ab zur Salzach?

26. Wie heißt der größte See im Inngebiet, und zu welchen Seen gehört er nach seiner Lage und Bildung?

27. Nenne die Seen, welche a. die Traun durchfließt, b. zur Traun abfließen!

28. Mit welchem andern Nebenfluß der Donau hat die Enns eine große Ähnlichkeit in der Laufgestalt, und worin kommt diese im einzelnen zur Erscheinung?

29. Von welchen größeren Nebenflüssen der Donau gehören nur die Oberläufe dem germ. M. an?

30. Bestimme von jedem dieser Flüsse a. die Lage der Quelle, b. die Hauptrichtung, c. den Austrittspunkt aus dem Gebirgslande!

31. Welche zwei wichtigen Punkte in unserm Laufstück der Donau sind zugleich Stellen, wo die Nebenflüsse von links her dem Hauptflusse ihr Wasser zusenden?

32. Warum ist das zwischen beiden Punkten liegende Donau= stück so arm an linken Nebenflüssen?

33. Welche Flußmündungen liegen an der einen Stelle (Auf= gabe 31) nahe bei einander?

34. Bezeichne Quellgebirge, bez. Quellpunkt und Hauptrich= tungen jedes dieser Flüsse!

35. Welcher Kanal verbindet das Donaugebiet mit dem Rhein= gebiet, welche Nebenflüsse benutzt er, und zwischen welchen Punkten des einen und des andern zieht er?

36. Was für ein Thal durchfließt die Altmühl im Jura, und welchen Thälern im rheinischen Schiefergebirge und im Harze ist es nach seiner Bildung zu vergleichen?

37. Welche Eigentümlichkeit zeigt die March a. in der mathem.

Lage ihrer Quelle und Mündung, b. in der Stromentwicklung zwi=
schen beiden?

38. Welchen Satz für das Gefälle der March wirst du hieraus
ableiten?

39. Warum erhält die March ihre meisten Zuflüsse von rechts her?

40. Wie heißt der bedeutendste, und welche Zuflüsse nimmt
er wieder auf?

41. Welches Ebenmaß in der Stromentwicklung zeigt die Thaja
mit ihren Zuflüssen?

42. Bezeichne die Stellen, wo a. die Donau selbst, b. einer
ihrer Nebenflüsse sich einem benachbarten Flußgebiete nähert!

43. Wo entspringt die Schelde, und in welchen Hauptrichtungen   Schelde.
fließt sie?

44. Was spricht a. nach der Bodenkarte, b. nach der Regen=
karte für die große Schiffbarkeit der Schelde?

45. Wie lang wird der Rhein sein, wenn der Abstand zwi=
schen Quelle und Mündung etwa 80 Kilometer mehr als die Hälfte   Rhein.
des Entwicklungslaufes beträgt?

46. Bezeichne die Punkte, wo sich der Mittellauf des Rheines
vom Ober= und Unterlaufe scheidet!

47. Aus welchen Quellbächen entwickelt sich der Rhein, wo
liegen ihre Quellpunkte, und zu welchen Pässen bilden die Thäler
Zugangsstraßen?

48. In welcher Richtung fließt der Rhein nach ihrer Ver=
einigung, und bis zu welchem Punkte hält er diese Richtung fest?

49. Auf welcher Seite zeigt der Bodensee die reichste Glie=
derung, und in welchen Teilen kommt sie zum Ausdruck?

50. Schätze nach Länge und mittlerer Breite die Größe des
Bodensees, und vergleiche ihn hierin mit den übrigen Alpenseen!

51. Wo entfließt der Oberrhein dem Bodensee, und welche
Hauptrichtung schlägt er nun ein?

52. Welches Hindernis der Schiffahrt findet sich im Rhein
nach dem Abfluß aus dem Bodensee, und bei welchem Orte liegt es?

53. Auf welcher Seite hat der Oberrhein seine bedeutendsten
Nebenflüsse, und in welcher Stromrinne vereinigen sie sich vor ihrer
Mündung in den Hauptfluß?

54. Sprich dich über Ursprung, Laufentwicklung und Mün=
dung der Aare aus!

55. Löse dieselbe Aufgabe a. für den größten der linken, b. für
die beiden rechten Zuflüsse der Aare!

56. In welchen Seen finden die Aare und ihre rechten Zu=
flüsse Läuterungsbecken?

57. Welche Juraseen entwässern zur Aare, und wie heißt ihr
Abfluß?

58. Wie heißt der einzige größere Nebenfluß des Oberrheines
von rechts her, wo liegt seine Quelle, und in welcher Richtung
entwickelt er sich von ihr aus?

59. Welcher Schienenweg benutzt zum Teil das Thal der Jll?

60. In welche Stücke zerlegt sich der Mittelrhein nach den Bodenformen, auf denen er fließt, und welche Hauptrichtungen schlägt er in jedem Stücke ein?

61. Wie liegen die größeren Orte im s. Teile der oberen Rheinebene zum Flusse, und welchen Schluß auf die Natur seiner Ufer erlaubt das?

62. Worauf weist ferner die Thatsache hin, daß zwischen Ba=sel und Straßburg ein Kanal zieht?

63. In welche Stücke zerfällt das Rheinthal im Schiefer=gebirge, und welche Punkte (Orte und Flußmündungen) bezeichnen Anfang und Ende eines jeden?

64. Vergleiche den Rheinlauf in der oberen Ebene mit dem im Schiefergebirge nach Größe, Richtung und Ufergestaltung!

65. Zwischen welchen Naturgebieten stellt der Rheinlauf im Schiefergebirge die kürzeste Verbindung her?

66. Nenne einige der Schwarzwaldbäche, und gieb an, warum ihre Entwickelung nur gering sein kann!

67. In welche vier Stücke läßt sich der Neckar nach den Haupt=richtungen seines Laufes zerlegen, und welches wird den größten Naturgenuß bei einer Stromfahrt gewähren?

68. Wie heißen die zwei größten Zuflüsse des Neckars von rechts her, und worin erscheinen sie als Zwillinge?

69. Welcher Breitenkreis giebt den Abstand zwischen Quelle und Mündung des Maines an, und wie groß ist der Abstand?

70. Welche Gestalt haben die bedeutenderen Abweichungen des Maines von der Abstandslinie, wie liegen sie zu ihr, und durch welche Gebirge werden sie zum Teil verursacht?

71. Wie heißen die Quellflüsse des Mains, und wo ent=springen sie?

72. An welchen Punkten des Mains wird der lebhafteste Umschlagsverkehr stattfinden?

73. Wie heißt der größte Zufluß des Mains, und welche Bedeutung hat er für den Verkehr a. auf dem Main, b. vom Main zu anderen Flüssen?

74. Nenne die rechten Zuflüsse des Mains, und bezeichne a. die Ähnlichkeit in der Laufrichtung aller drei, b. die Quelle und Mündung jedes einzelnen!

75. Welchen Fluß nimmt der Rhein in seinen Durchbruchs=thale von r. her auf, und was ist a. von seinem Quellgebiet, b. von seiner Mündungsstelle zu sagen?

76. In welcher Hauptrichtung fließt die Lahn a. im Rothaar=gebirge, b. an der Grenze des Schiefergebirges, c. im Scheidethal zwischen Taunus und Westerwald?

77. Wie heißt der größte linke Nebenfluß des Mittelrheines in der oberen Ebene, und wie verhält er sich in seiner Richtung zum Hauptfluß?

78. In welcher Hauptrichtung fließt die Nahe dem Rheine zu, und wo erreicht sie ihn?

79. Nenne die Bodenformen, auf denen sich die Mosel entwickelt, und bezeichne ihre Hauptrichtung auf jeder!

80. Auf welcher Strecke wird die Mosel das geringste Gefälle haben, und worin ist das begründet?

81. Nenne Flüsse, welche bei gleicher Ursache ähnliche Erscheinungen zeigen!

82. Wo erreicht die Mosel ihren äußersten w. Punkt, und welche Stelle a. der Maas, b. des Neckars entspricht dem in gleicher Br.?

83. Durch welchen Zufluß wird die Mosel schiffbar, und wie verhält sich sein Lauf zu ihr?

84. Welcher Fluß erhöht besonders den Wasserreichtum der Mosel beim Eintritt in das Schiefergebirge, von welchem Punkte und in welcher Richtung fließt er der Mosel zu?

85. In welchen zwei Hauptrichtungen fließt der Unterrhein, und wodurch wird der Punkt des Richtungsunterschiedes a. im Laufe selbst, b. im Staatsgebiet, c. im Grabnetz bezeichnet?

86. Wie heißen die beiden Hauptarme, mit denen der Rhein zur Nordsee eilt, und mit welchem Flusse vereinigt sich der s.?

87. Mit welchem Arme eröffnet sich dem Rheingebiet die Zuidersee?

88. Nenne vier Flüsse, welche dem Unterrheine von rechts her zugehen, und bestimme ihre Quellpunkte!

89. Welche Ähnlichkeit zeigen die drei größeren in der Laufentwickelung, und inwiefern weicht der vierte am meisten von ihnen ab?

90. Welche dieser vier Flüsse kann am weitesten nach oben befahren werden, und womit hängt das zusammen?

91. Zerlege die Maas in ihre drei Laufstücke, und bezeichne für jedes a. die Bodenform, auf der es liegt, b. die Hauptrichtungen, in denen es sich entwickelt!

92. Wo entspringt die Maas, und welche Flußquellen liegen weiter ö. ungefähr in gleicher Br.?

93. Welche Vorzüge genießt das Rheingebiet vor dem der Donau a. nach der geogr. Lage überhaupt, b. nach der Hauptrichtung der Hauptader, c. nach der Lage der Quellflüsse, d. nach dem Mündungsgebiete des Stromes?

94. Warum wird der Rhein im Hochsommer Hochwasser haben können, und von welchen andern deutschen Strömen unterscheidet er sich darin vorteilhaft?

95. Für welche Art der Flüsse ist die Ems ein besonders *Ems.* gutes Beispiel, und inwiefern veranschaulicht das der Eintrittspunkt der Schiffahrt auf ihr?

96. Welche Landschaftsformen der Tiefebene wird man bei

einer Fahrt auf der Ems nach und nach kennen lernen, und in welcher wird man am längsten verweilen?

97. An welcher Stelle und in welcher Form mündet die Ems?

98. Nenne den größten Nebenfluß der Ems, und bezeichne seine Ähnlichkeit zu ihr im Quellpunkt und in der Laufrichtung!

Weser. 99. Welche einzelnen Landschaften durchströmt die Werra= Weser, und in welcher Hauptrichtung hält sie sich dabei?

100. Wo tritt die Weser in das Tiefland ein, und in wel= cher Hauptrichtung fließt sie nun?

101. Von welchem Flusse wird sie nochmals in die alte Rich= tung gedrängt, und bis zu welchem Punkte bleibt sie ihr treu?

102. Was ist a. der Mündung, b. den Mündungslandschaften der Weser eigentümlich?

103. Was kann bei bloßer Kartenansicht Ursache geworden sein, die Fulda als zweiten Quellfluß der Weser (neben der Werra) aufzufassen?

104. Wie heißt der größte Zufluß der Fulda, und welche Ge= staltung zeigt sein Lauf?

105. Welcher unmittelbare Nebenfluß der Weser wiederholt diese Gestaltung?

106. Wo liegt der Ursprung der Hunte, und in welchen Haupt= richtungen entwickelt sie sich von ihm aus?

107. Welcher Nebenfluß sammelt fast alles Wasser im rechten Flügel des Wesergebietes, und in welcher Richtung führt er es dem Hauptstrom zu?

108. Welchem Nebenfluß des Rheingebietes gleicht die **Aller** a. in der Laufgeartung, b. in der Annäherung an das nächste ö. Stromgebiet?

109. Von welcher Seite empfängt die Aller ihre Zuflüsse, und woraus ist das zu erklären?

110. Nenne die zwei größten Zuflüsse der Aller, und bestimme a. ihren Quellpunkt, b. ihre Laufrichtung, c. den Unterschied ihrer Lauflänge!

Elbe. 111. Wo entspringt die Elbe, und welcher Punkt ihres weiteren Laufes liegt mit der Quelle in gleicher Br.?

112. Löse die unter Nr. 99 und 100 für die Weser gestellten Aufgaben für die Elbe!

113. Wodurch wird die Elbe einmal aus ihrer charakteristischen Bahn im Tieflande abgelenkt, und zwischen welchen Flußmündun= gen liegt dieses Stück?

114. Gieb den Punkt an, a. bis zu welchem die Flußmarschen elbaufwärts reichen, b. wo die Schlauchmündung der Elbe beginnt, c. wo der Eintritt in die Nordsee erfolgt!

115. Wie lang wird die Elbe sein, wenn sich der Abstand zwischen Quelle und Mündung zur Stromentwickelung wie 1:2 verhält?

116. Nenne den größten rechten und linken Nebenfluß der Elbe in Böhmen, und bestimme von jedem Quelle, Laufrichtung und Mündung!

117. Wie heißen die Zuflüsse der Moldau, und welches Eben= maß geben sie dem Flußgebiet in ihrer Anordnung und Laufrichtung?

118. Welcher Nebenfluß der Elbe würde zusammen mit ihr selbst dieses Ebenmaß noch steigern, wenn man die Moldau als Hauptquellader des Elbgebiets auffassen wollte?

119. Bezeichne für die rechten Nebenflüsse, welche Anfang und Ende des großen Elbebogens markieren (Aufgabe 113) Quellpunkt und Laufgestaltung!

120. Wie heißt der größte Zufluß der Havel, und welcher Richtungswechsel bezeichnet seine Entwickelung?

121. Wieweit nähert sich mit Spree und Havel das Elbgebiet der Oder, und wodurch sind die Annäherungsstellen markiert?

122. Wie heißen die zwei größten Seen im Elbgebiet, und welcher Fluß entwässert sie?

123. Welche linken Nebenflüsse münden im großen Ablenkungs= bogen der Elbe, und welche Naturgebiete entwässert jeder von ihnen?

124. Welche Stellen des sächsischen Berglandes werden un= gefähr a. durch die Quellpunkte, b. durch den Vereinigungspunkt der beiden Mulden markiert?

125. Bezeichne die Hauptstücke der Saale nach den Boden= formen, auf denen sie fließt, unter Angabe der charakteristischen Richtungen, die sie auf jeder einschlägt!

126. Gieb an, a. unter welchem Meridian, b. zwischen welchen Br. die Saale fließt, und was sich aus a. über ihre Lage im germ. Mitteleur., aus b. über die Größe ihres Quellabstandes ergiebt!

127. Durch welchen Zufluß erlangt die Saale ihre Schiff= barkeit, und an welcher bedeutsamen Stelle mündet er?

128. Für welche Landschaft ist die Unstrut Entwässerungsader, und in welchen Hauptrichtungen entwickelt sie sich auf ihr?

129. Welche Zuflüsse gehen der Unstrut a. aus dem s., b. aus dem n. Teile ihres Entwässerungsgebietes zu?

130. Welche Ähnlichkeit zeigen die beiden n. Zuflüsse der Unstrut, und mit welchen Flüssen im Rheingebiet lassen sie sich darin vergleichen?

131. Mit welchem Flusse greift das Elbgebiet auf den Harz über, und welche auffällige Ähnlichkeit besteht zwischen diesem Flusse und der Unstrut?

132. Nenne den größten ö. Zufluß der Saale, und bestimme die wichtigsten Stellen seines Laufes!

133. Welche Vorzüge für den Verkehr besitzt das Elbgebiet a. vor dem Wesergebiet, b. vor sämtlichen Ostseeströmen?

134. Für welche Kanalanlage wird die Eider benutzt, und

inwiefern ist gerade dadurch ihr Name (Ägyr Dör = Thür des Meergottes) zu seiner rechten Bedeutung gekommen?

135. Welche Bedeutung wird diese Kanalanlage a. für den Kriegsfall, b. für den friedlichen Verkehr haben, und welchem nordischen Wasserweg ist sie in beiden Punkten zu vergleichen?

Oder. 136. Welche Eigentümlichkeit zeigt die Oder in dem Maßver= hältnisse der natürlichen Stücke eines ausgebildeten Flußlaufes?

137. Welche Bedeutung hat das a. für den Verkehr auf dem Flusse, b. für die landschaftlichen Reize seiner Ufer?

138. Wo entspringt die Oder, und welche Richtungen schlägt sie bis zum Eintritt in das Tiefland ein?

139. Welches ist die charakteristische Richtung der Oder im Tiefland, und in welchen Flußbetten würde sie fließen, wenn sie ihr treu bliebe?

140. Welchen Vorteil würde die Oder genießen, wenn der angenommene Fall der wirkliche wäre?

141. Nenne die vier Hauptrichtungen, in welchen die Oder zwischen 52˚ und 54˚ n. Br. fließt, und bezeichne die Punkte des Richtungswechsels!

142. Zu welchem Süßwasserbecken erweitert sich die Oder vor ihrer Mündung, und wodurch wird es von der Ostsee abgeschlossen?

143. Wie heißen die Odermündungen von W. nach O., und wodurch verrät die politische Karte, welches die wichtigste ist?

144. Von welchen Gebirgen empfängt die Oder ihre linken Nebenflüsse, und warum haben sie alle einen reißenden Lauf?

145. Nenne den ersten linken Nebenfluß, und bezeichne für ihn Quellpunkt, Hauptrichtung und Mündungsstelle!

146. Wie heißen die drei nächsten Nebenflüsse, und welche Richtung schlagen sie a. im Gebirgsland, b. in der Ebene ein?

147. Wie heißen die zwei größten Nebenflüsse von links her, und welche Ähnlichkeit zeigen sie a. in ihrem Verhalten zum Quell= gebirge, b. in der Verkehrsbedeutung ihres Gebirgsthales, c. in der Hauptrichtung, d. in der Mündungsstelle?

148. Wie heißt der größte rechte Nebenfluß der Oder, und inwiefern ähnelt er der Spree a. nach seiner Lage im Stromgebiet, b. in seinem Richtungswechsel?

149. Wodurch wird schon vor der Mündung die **Warthe** mit der Oder in Verbindung gesetzt, und zwischen welchen ähnlichen Stücken des Warthelaufes geschieht das?

150. Wie heißt der größte Zufluß der Warthe, und welchem Strome nähert sich mit ihm das Odergebiet am meisten?

Weichsel. 151. Wo entspringt die **Weichsel**, und welches wichtige Stück des Laufes liegt mit dem Quellpunkt in gleicher L.?

152. In welcher Gestalt liegt der Weichsellauf zwischen dem Austrittspunkt aus dem Quellgebirge und dem Eintrittspunkt in den baltischen Landrücken?

153. Vergleiche Oder und Weichsel a. in dem Maßverhältnis der natürlichen Laufstücke und dem Eintrittspunkte der Schiffbarkeit, b. nach der Hauptrichtung im Tiefland, c. nach der Richtung ihres Durchbruchsthales im baltischen Landrücken, d. in der Mündungsform!

154. Wie heißt der rechte Arm der Weichsel, und wohin giebt er sein Wasser ab?

155. In welchen Richtungen fließt der Hauptstrom nach der Spaltung weiter, und in welchen Busen mündet er?

156. Nenne die Kanäle, welche das Odergebiet mit dem Weichselgebiet verbinden, und bestimme a. die Flüsse, die sie benutzen, b. die Hauptrichtung, c. die geogr. Br., in der sie ziehen!

157. Aus welchen Stücken wird sich der kürzeste Wasserweg zusammensetzen, auf dem ein Floß von Warschau nach Berlin fährt, und in welcher Richtung wird es sich vorzugsweise bewegen?

158. Wie heißt der größte rechte Nebenfluß der Weichsel, und in welcher Hauptrichtung fließt er?

159. Welchen Zufluß empfängt er von der ostpreußischen Seenplatte, und welcher große See liegt insbesondere in dessen Quellgebiet?

160. Wie heißt der größte Quellfluß des Pregel, und aus welchem See fließt er ab?   Pregel.

161. In welcher Hauptrichtung fließt der Pregel, und wo mündet er?

162. Durch welchen Richtungswechsel wird die Laufgestalt des Njemen charakterisiert?   Njemen.

163. Wo und in welcher Form mündet der Njemen?

Klima und Bevölkerung.

1. Welches jährliche Wärmemittel wird für den weitaus größten Teil der Ebenen und Stufenländer (zwischen 48° und 55° n. Br.) gefunden, und welchen Anteil hat an dem geringen Unterschied die Anordnung der Bodenformen?   Klima.

2. Weise nach, daß der ausgleichende klimatische Einfluß der Bodenformen auch erkenntlich wird, wenn man die Gebiete mit einem Jahresmittel von 6° und 7° nach ihrer Lage untereinander vergleicht!

3. In welchen Gebirgen werden jährliche Temperaturen unter 6° ermittelt?

4. Welche Landschaften erscheinen nach dem Jahresmittel der Wärme von mehr als 10° als die begünstigtsten?

5. Gieb den Unterschied a. in der Ursache ihrer klimatischen Begünstigung, b. im Wärmegang der Jahreszeiten an!

6. Löse dieselbe Aufgabe für das Wiener Becken und ein Ge-

biet der germ. Tiefebene, das mit ihm gleiches Jahresmittel auf=
weist!

7. Welches Flußgebiet erscheint als das klimatisch begünstigtste
im germ. M., und bis zu welchen Punkten (Städten, Seen)
bringen in den einzelnen Thälern die Jahresmittel von 9 bis 10° vor?

8. Welche Landschaften sind im Elbgebiet klimatisch bevorzugt,
und welche Ursache giebt hierzu die Gebirgskarte an?

9. Nenne das Gebiet des germ. M., in dem man innerhalb
weniger Stunden von den Landschaften höchster klimatischer Begünsti=
gung durch alle Temperaturstufen zu solchen mit der geringsten
Jahreswärme gelangen kann!

10. In welcher Richtung folgen zwischen 51 und 55° n. Br.
die Zonen des jährlichen Wärmemittels für das germ. M. aufein=
ander, und welcher allgemeiner Satz für das Klima Europas
findet darin seine Bestätigung?

11. Welche Bedeutung hat die Abnahme der Jahrestemperatur
in der gesuchten Richtung für den winterlichen Schiffsverkehr auf
den großen deutschen Strömen?

12. Welche Ursache ist in erster Linie maßgebend für die in
gleicher Richtung erfolgende Abnahme der Jahrestemperatur auf
den deutschen Mittelgebirgen zwischen 50° und 51° n. Br.?

13. Welchen Zonen der jährlichen Wärmeschwankung gehört
das germ. M. an, und inwiefern ist auch hiernach sein Klima ein
gemäßigtes zu nennen?

14. Wie groß ist das geringste Maß des Niederschlags im
germ. M., und welcher Teil a. des norddeutschen Tieflandes, b. der
süddeutschen Ebenen und Stufenlandschaften empfängt ihn?

15. Worin ist a. in jenen, b. in diesen Gegenden für das ge=
ringe Maß des Niederschlags die Ursache zu suchen?

16. Wie hoch steigt in den Nordseelandschaften die jährliche
Regenmenge, und woraus erklärt sich das?

17. Inwiefern läßt unsere Regenkarte einen Rückschluß auf
die Höhe der Gebirge, bez. auf die Lage der höchsten Erhebungen
in ihnen zu?

18. Inwiefern steht aber hiermit das Bild der Regenzonen
im Harz, verglichen mit denen im Riesengebirge, in Widerspruch,
und wie löst er sich?

19. Zwischen welchen Grenzen liegt die Niederschlagsmenge
für den größten Teil des Alpengebietes?

20. Gieb an a. die beiden Erhebungsmassen, die mehr als
2 Meter Regen im Jahre empfangen, b. die Thäler, in denen auf=
fällig wenig Regen fällt!

21. In welchem der beiden unter a. gesuchten Gebiete ist für
die jährliche Regenmenge nicht die Erhebung über dem Meeresspiegel
verantwortlich zu machen, und welche andere Ursache ist vielmehr
hier maßgebend?

22. In welcher Ordnung werden die großen deutschen Ströme erscheinen, wenn man ihre Wassermassen nach der Menge des Nieder= schlags schätzt, der in ihren Gebieten fällt?

23. Bei welchen Orten überschreitet die n. Grenze des Wein= baues die großen deutschen Ströme?

24. Welches ist der nördlichste dieser Orte, in welcher Br. liegt er, und welche Stelle für den Verlauf der polaren Weingrenze bezeichnet er auf der ganzen Erde?

25. Stelle diejenigen Gebiete zusammen, in denen die Be= völkerung des germ. M. am stärksten verdichtet ist, und untersuche dabei, in welchen Fällen a. Klima und Bodengüte, b. Kohlenfunde, c. beides zusammen zur Verdichtung beigetragen haben!

26. Welches Gebirge hat augenscheinlich den ungünstigsten Einfluß auf die Volksverdichtung ausgeübt?

27. Welche Ähnlichkeit zeigen süddeutsche Hochebene und nord= deutsche Tiefebene in ihren Verdichtungsgraden, und welche gleiche Ursache giebt für einige der volkärmsten Landschaften die Fluß= und Gebirgskarte an?

28. Nenne in jedem Stromgebiete die Flächen größter Ver= dichtung a. am Hauptfluß, b. an den Nebenflüssen!

29. Nenne nach Flußgebieten geordnet alle diejenigen Groß= städte[1]), welche nicht in einer Landschaft stärkster Verdichtung liegen!

30. In welcher Richtung läuft die Grenze zwischen ober= und niederdeutschen Mundarten, und wo überschreitet sie die großen Ströme?

31. Welche Gebirge werden ganz von Niederdeutschen bewohnt?

32. Wo finden sich oberdeutsche Sprachinseln im niederdeutschen Gebiet?

33. Mit welchen Nationen berühren sich die Deutschen, und welche jener Völker haben größere Gebiete des germ. M. besiedelt?

34. In welchem Flußgebiete wird vorzugsweise polnisch ge= sprochen?

35. Wie weit erklingt am Laufe a. der Warthe, b. der Oder polnische Sprache?

36. Inwiefern entspricht der Name Tschechen (= die Vorderen) der Stellung des Volks im slavischen Sprachgebiet?

37. Welche nichtgermanischen Völker wohnen in den Ostalpen, und welche Teile haben sie besiedelt?

38. In welchen Alpenthälern der Nordabdachung wird romanisch gesprochen, und von welcher Bevölkerung?

39. Welche Alpenseen liegen im französischen Sprachgebiet?

40. Wie weit erklingt an Mosel und Maas die romanische Zunge?

---

[1]) So nennen wir alle Ortschaften mit 100 000 und mehr Einw.

41. Welcher romanische Stamm wohnt ganz auf dem Boden des germ. M., und welches Gebirge hat er vorzugsweise besiedelt?
42. An welcher Stelle berührt sich die deutsche mit der dänischen Bevölkerung?
43. Gieb einige Punkte an, wo sich die deutsche Bevölkerung a. mit zwei romanischen, b. mit zwei slavischen Stämmen berührt!

Staaten- und Ortskunde.

1. Welche Staaten liegen ganz innerhalb der von uns ge= suchten (Seite 1, Aufgabe 5, 7, 9) Grenzen des germ. M.?
2. Welcher Staat hat nur Anteil am germ. M., und welchen Flügel desselben umfaßt er?
3. Was ist das Gemeinsame in der natürlichen Lage der nichtdeutschen Staaten, die dem germ. M. ganz angehören?

Das Deutsche Reich.

4. Welche zwei der drei Abdachungsstufen des germ. M. nimmt das Deutsche Reich vorzugsweise ein?
5. Welches Flußgebiet gehört dem Deutschen Reiche a. ganz, b. zum größten Teile, c. nur nach dem Unterlaufe des Haupt= stromes an?
6. Was fehlt dem Deutschen Reiche a. vom Rheingebiet, b. vom Elbgebiet, und in welchen Staaten liegen die ausgeschlossenen Stücke?
7. Wie heißt der größte deutsche Staat, auf welcher Boden= form liegt er vorzugsweise, und inwiefern kam das seiner Ent= wickelung zu statten?
8. Wo wiederholt sich die natürliche Begünstigung der Staats= bildung in S.=Deutschland, und welcher Staat veranschaulicht sie?

Königreich Preußen. 9. Ordne die zwölf Provinzen Preußens so, daß du unter= scheidest: a. ob sie Küsten= oder Binnenländer sind, b. ob sie nur der Ebene oder der Ebene und dem Gebirgslande angehören, c. an welchen Flüssen sie vorzugsweise Anteil haben, d. ob sie rein deutsche oder gemischte Bevölkerung besitzen (mit Bezeichnung der nicht ger= manischen Bevölkerung und ob die letztere überwiegt), e. ob sie vorwiegend von katholischer oder evangelischer Bevölkerung bewohnt werden!

Ostpreußen. 10. Gieb für die Provinz Ostpreußen a. die Lage im preu= ßischen Staate und im deutschen Reiche, b. die charakteristische Bo= denform, c. das ihr gehörige Flußgebiet an!
11. In welche Regierungsbezirke zerfällt Ostpreußen, und wie liegen sie a. zu einander, b. zur See?

12. Nenne die größte Stadt Ostpreußens, und sprich dich über die Vorzüge ihrer Lage aus!

13. Wie heißt der Vorhafen von Königsberg, und was ist an seiner Lage charakteristisch?

14. Welcher andere Ort Ostpreußens ist in dieser charakteristischen Lage ihm zu vergleichen, und für welche Stadt kann man ihn als Vorhafen ansehen?

15. Wie heißt der Eisenbahnknotenpunkt im Regierungsbezirk Gumbinnen, und was ist an seiner natürlichen Lage merkwürdig?

16. Zu welchem Ostseebusen öffnet sich **Westpreußen**, und wo-Westpreußen. durch gewinnt es eine natürliche Verbindung mit ihm?

17. Was erinnert in Sprache und religiösem Bekenntnis der Bewohner daran, daß Westpreußen länger als Ostpreußen unter polnischer Herrschaft gestanden hat?

18. Wie heißen die Regierungsbezirke in Westpreußen, und wie liegen sie zur See?

19. Nenne die drei größten Weichselstädte im Regierungsbezirke Marienwerder, bezeichne ihre Lage nach der Stromseite, und schließe hieraus etwas über die Natur des anderen Ufers!

20. Welche dieser Weichselstädte ist Festung, und was wird sie als solche im Kriege zu leisten haben?

21. Nenne die Landschaft zwischen den zwei Hauptarmen der Weichsel und je zwei größere Städte an ihrem ö. und w. Rande!

22. Welche Ähnlichkeit zeigen die beiden s. dieser Städte in ihrer Verkehrslage?

23. Welchen Vorzug genießt Danzig vor Königsberg a. nach der Größe des Hinterlandes, b. nach der Zugänglichkeit zur See?

24. Für welche Bedeutung haben Danzig und Königsberg das gleiche Kartenzeichen?

25. Wie heißen die beiden Vorhäfen von Danzig, und wie wird ihre Bedeutung für die Stadt durch das Kartenzeichen unterschieden?

26. An welche preußischen Landesteile lehnt sich die Provinz Posen. Posen an?

27. Inwiefern zeigen sprachliche und religiöse Verhältnisse, daß Posen die jüngste preußische Erwerbung im O. ist?

28. Wie heißen die Regierungsbezirke von Posen, und wie teilen sie sich in die wichtigsten Wasseradern der Provinz?

29. Um welcher Lage willen eignet sich Posen zur Hauptstadt der gleichnamigen Provinz?

30. Welche Aufgabe wird die Festung Posen im Kriege zu lösen haben, und welche Stadt wird sie insbesondere decken müssen?

31. In wieviel Stunden würde ein Eilzug in der Luftlinie von Posen a. nach Thorn, b. nach Breslau, c. nach Berlin fahren?

32. Welche Stadt ist in der Luftlinie ungefähr ebensoweit o. von Posen entfernt, wie dieses von Berlin?

33. In welcher günstigen Wasserverbindung liegt Bromberg, und nach welchen Landschaften gewinnt es hierdurch Straßen für seinen Getreidehandel?

Schlesien.   34. An welchen Gebirgen hat **Schlesien** Anteil, und gegen welche Kronländer Österreichs gewinnt es in ihnen Naturgrenzen?

35. Wieviel vom Oberlaufe liegt in Schlesien, und in welcher Hauptrichtung durchzieht er die Provinz?

36. Wie heißen die Regierungsbezirke Schlesiens, und wie liegen sie a. zu einander, b. zur Oder?

37. In welchem Regierungsbezirke herrschen Katholicismus und Slaventum vor?

38. Welcher Teil des Regierungsbezirkes Breslau hat katho= lische Bevölkerung?

39. Wo liegt das Gebiet höchster Verdichtung der Bevölkerung im Regierungsbezirk Oppeln, und in welchen größeren Orten sammelt sie sich?

40. Was ist das Gemeinsame in der Lage dieser Orte a. nach der politischen, b. nach der geologischen Karte?

41. Bei welchem Orte gewinnt die Oder ihre Schiffbarkeit?

42. Nenne eine Festung in Oberschlesien, bezeichne ihre Lage und gieb an, welche Aufgabe sie auf Grund der letzteren im Kriege zu lösen haben wird!

43. In welchen zwei Punkten der Lage läßt sich Breslau mit Posen vergleichen?

44. Welcher Gebirgsweg stößt bei Breslau auf die Oder, und zwischen welchen Slavenländern vermittelt es daher den Ver= kehr?

45. Wo häufen sich im Regierungsbezirk Breslau die größeren Ortschaften, wie heißen die drei größten, und was ist ihrer natürlichen Lage gemeinsam?

46. Wie heißt der größte Ort in der Grafschaft Glatz, und was ist über seine Lage zu sagen?

47. An welchem Flusse liegt Liegnitz?

48. Nenne zwei Städte am oberen Bober, und bezeichne ihre Lage a. am Flusse, b. zum Riesengebirge!

49. Nenne die größte Stadt im Regierungsbezirk Liegnitz, und bestimme ihre Lage (Gebirge, Fluß, Staatsgebiet)!

50. Was ergiebt sich aus einem Vergleich zwischen Görlitz und Breslau, der auf L. und Br. beider Orte achtet?

Brandenburg.   51. Von welchen preußischen und außerpreußischen Gebieten wird die Provinz **Brandenburg** umlagert?

52. Wie unterscheiden sich in der Hauptsache die beiden Re= gierungsbezirke der Provinz Brandenburg nach den Flußgebieten?

53. Auf welche Eigentümlichkeit der Provinz spielt das Wort des ersten Hohenzollern in Brandenburg an: „Ein Land, das so= viel Wasser hat, ist nicht arm zu nennen!"?

54. Welche Ähnlichkeit besteht zwischen Frankfurt und Posen nach der Lage a. im Grabnetz, b. am Flußlauf?

55. Welchen Landschaftsnamen führt das brandenburgische Ge= biet ö. der Oder, und wie heißt der größte Ort darin?

56. Welche Festung der Provinz Brandenburg wird bei einem feindlichen Einfall von Osten her Berlin zu decken haben?

57. Wie heißen die Ufergelände ö. und w. von dieser Festung, und inwiefern liegt in ihrer Natur ein Verteidigungsmittel?

58. Wie heißt die größte Stadt in der deutschen Sprachinsel des wendischen Gebietes der Niederlausitz, und für welche Land= schaft ist sie s. Eintrittspunkt?

59. Bei welchem Orte wird die Lausitzer Neiße schiffbar, und welche wichtigen Schienenwege kreuzen hier?

60. In welchem Teilraume der germ. Tiefebene ist Berlin die Stadt der Mitte?

61. Welche Orte sind ebensoweit von Berlin nach S. entfernt, wie Swinemünde nach N., und welche Mittellage springt damit für Berlin in die Augen?

62. Welche großen Stromläufe sind gleichweit von Berlin ent= fernt, und inwiefern kann man behaupten, Berlin liege an beiden zugleich?

63. Welche Orte sind darnach als die beiden Seehäfen Ber= lins zu bezeichnen, und in wieviel Stunden wird man sie mit dem Eilzuge von Berlin aus erreichen?

64. Gieb an, wie auf dem Wasserwege a. Sandstein aus Sachsen, b. Kohlen aus Schlesien, c. Holz und Getreide aus Polen, d. Eisen aus Schweden, e. Kolonialwaren aus Hamburg nach Ber= lin gelangen können!

65. Zähle die Eisenbahnen, welche von Berlin ausgehen, und suche an jeder die größte Stadt Preußens auf!

66. Miß die Linie zwischen Berlin und Königsberg, schlage mit ihr als Radius einen Kreis, und gieb an, welche Großstädte in dessen Peripherie fallen!

67. Welche Festung dient dem unmittelbaren Schutze Berlins, und welche Ähnlichkeit bietet sie in ihrer Lage mit Küstrin?

68. Welche zwei größeren Städte gleichen in der eigenartigen Lage an der Havel jener Festung, und wie liegen sie zu einander?

69. Wie heißt a. die nw., b. die nö. Landschaft der Provinz Brandenburg?

70. Wonach ist die nö. Landschaft benannt, und wie heißt der größte Ort in ihr?

71. Auf welchen Hügelzug greift die Provinz Brandenburg im S. über, und wie heißt der größte Ort an seinem Nordabhange?

72. Welche preußischen Provinzen und welche deutschen Staaten Pommern. begrenzen Pommern auf der Landseite?

73. Welche Ähnlichkeit besteht zwischen Pommern und West

preußen a. in der geographischen Lage, b. in der Bodengestaltung, c. in der Bewässerung, und welches sind in jedem Falle die einander entsprechenden Stücke?

74. Welche Einheit bildet Pommern nach Sprache und religiösem Bekenntnis seiner Bewohner?

75. Wie heißen die drei Regierungsbezirke in Pommern, und wie teilen sie sich in die Provinz?

76. Wie heißt der bedeutendste Küstenort im Regierungsbezirk Köslin, und welcher Fluß bildet seinen Hafen?

77. Führe einen Vergleich zwischen Pommern und der Normandie durch, indem du hier und dort a. den Hauptstrom, b. seinen Mündungsbusen, c. die als Hinterland durch ihn erschlossenen Provinzen, d. die bedeutendste Hafenstadt, e. die größte Stadt im Hinterlande nennst!

78. Welchen Vorzug besitzt nach seinem Hinterlande Stettin vor Danzig?

79. Wie heißt der Vorhafen von Stettin, und welche zwiefache Ähnlichkeit zeigt er mit Pillau und Memel?

80. Nenne die beiden wichtigsten Küstenplätze im nw. Regierungsbezirke Pommerns, und bezeichne die geographische Lage des Regierungssitzes im besonderen!

81. Welcher nordische Staat wird von Stralsund aus am raschesten erreicht, und in wieviel Stunden wird uns ein Dampfer an seine Südküste bringen?

82. Nenne einen Berg in der ungefähren Mitte von Rügen, und berechne, ob man von ihm aus die ganze Insel übersehen kann!

83. Welcher Küstenpunkt übertrifft an Höhe den Rugard, und welcher Ort liegt a. bei jenem Punkt, b. beim Rugard?

Schleswig-Holstein. 84. Welchen Vorzug der Lage hat **Schleswig=Holstein** vor allen preußischen Küstenprovinzen?

85. Als was erscheinen die meisten größeren Orte der Provinz nach ihrer Lage?

86. Wie verteilen sich diese Orte auf die Ost= und Nordseeküste, und welcher Unterschied des Wertes beider Küsten tritt damit zu Tage?

87. Nenne die drei größten Ostseehäfen der Provinz in nj. Folge, und gieb eine Ähnlichkeit ihrer Lage untereinander an!

88. In welchen Häfen der Provinz wird dänisch gesprochen?

89. Wie heißt die Hauptstadt der Provinz Schleswig-Holstein, und durch welche zwiefache Mittellage wird sie zum Regierungssitz geeignet?

90. Durch welche Wasserstraße wird Kiel mit der Nordsee verbunden, und wie heißt der größte Binnenort an ihr?

91. Wie heißen die zwei größten der nordfriesischen Inseln, und auf welchem Wege wird man sie von Hamburg aus am besten erreichen, wenn man die Seefahrt möglichst abkürzen will?

92. Wie heißt die einzige Großstadt der Provinz Schleswig-Holstein, und inwiefern wird die Größe durch ihre Lage erklärt?

93. Welche drei Flußmündungen wird ein befestigtes Helgoland beherrschen, und wie weit ist es von jeder entfernt?

94. Wieviel Stunden wird ein Dampfer von Hamburg nach Helgoland unterwegs, und wieviel Zeit davon auf offner See sein?

95. Zu welchen deutschen Staaten tritt Preußen mit der Provinz Sachsen in unmittelbare Nachbarschaft? Provinz Sachsen.

96. Welcher Staat zerlegt die Provinz in ein u. und f. Stück, und wie teilen sich in beide die Regierungsbezirke?

97. Auf welches Gebirge greift jeder Regierungsbezirk über?

98. Welchem Flußgebiete gehört die Provinz Sachsen nahe-zu ganz an?

99. Wie heißen die beiden Elbübergangsorte im Regierungs-bezirk Merseburg, und welches ist der wichtigere Verkehrspunkt von beiden?

100. Wie heißen die vier größten Saalestädte der Provinz Sachsen, und welche drei von ihnen liegen nahezu in gleicher geogr. L.?

101. Bestimme nach Fluß und Gebirge die vierte dieser Städte!

102. Wie heißt die südlichste Stadt im Regierungsbezirk Merseburg, und an welchem Flusse ist sie gelegen?

103. Kennzeichne die Lage von Erfurt a. nach dem Gradnetz, b. nach Bodenform und Bewässerung!

104. In welcher Landschaft und an welchem Flusse liegt a. Mühlhausen, b. Nordhausen?

105. Welche Stadt liegt in der Mitte zwischen oberer Grenze der Elbschiffahrt und der Mündung des Flusses?

106. Wodurch wird die Lage dieser Stadt am Elblauf noch charakteristisch, und welche Orte an der Weser und Oder gleichen ihr darin?

107. Welche besondere Aufgabe wird Magdeburg als Festung zu lösen haben?

108. Welcher Teil der Umgebung von Magdeburg ist am volkreichsten?

109. Nenne vier bis fünf der größten Ortschaften darin, und bestimme ihre Lage a. im Flußgebiet, b. zum Gebirge, c. zu be-nachbarten Staaten!

110. Wie heißt die u. Landschaft im Regierungsbezirk Magde-burg, und welche Mundart wird in ihr gesprochen?

111. Nenne die größte Stadt dieser Landschaft, und gieb an, mit welchen Großstädten der benachbarten Gebiete sie durch Eisen-bahnen verbunden ist!

112. Bis zu welchen Flüssen erstreckt sich ö. und w. die Provinz Hannover? Provinz Hannover.

113. Zu welchen Flußgebieten gehört sie nach ihrem größten Teile, und welche Adern derselben besitzt sie nahezu ganz?

114. Welcher Staat zerlegt das Gebiet der Provinz in ein ö. und w., welcher andere wiederum das erstere in ein n. und f.?

115. Auf welche Gebirgsländer greift die Provinz im S. über, und welches davon gehört ihr ganz an?

116. Welche Hügellandschaft der norddeutschen Ebene liegt ausschließlich in Hannover?

117. Womit erklärt die politische Karte, daß die Bedeutung der Provinz für den Seehandel eine geringere ist, als die Natur- karte erwarten läßt?

118. Nenne die größte Stadt im hannoverschen Südlande, und bezeichne ihre Lage!

119. Nenne eine hannoversche Stadt a. auf dem Harze, b. an seinem n. Abhange, und bestimme ihre Lage zu einem benachbarten Flusse!

120. Zu welchem Regierungsbezirke gehört das hannoversche Südland, und wodurch charakterisiert die Fluß- und Gebirgskarte die Lage der Kreisstadt?

121. Wie folgen die Regierungsbezirke im hannoverschen Hauptlande von S. nach N. aufeinander?

122. Gieb nach der Gebirgskarte an, a. an welchem Flusse und an welcher bestimmten Stelle desselben Hannover liegt, b. welches Gebirge in den Gesichtskreis der Stadt fällt!

123. An welchem Rande der Lüneburger Heide zeigt die Karte städtische Ansiedlungen, wie heißen die zwei größten, und was ist an der Lage jeder einzelnen bemerkenswert?

124. Welche Regierungsbezirke bilden das hannoversche West- land?

125. In welchen Punkten der Lage kann a. Osnabrück mit Hildesheim, b. Emden mit Harburg verglichen werden?

126. Welche Meerbusen werden durch den ostfriesischen Kanal miteinander verbunden, und wie heißen seine Kopfstationen?

127. Für welche Bedeutung giebt der ö. Station die Karte ein Zeichen?

128. Wie heißt die größte der ostfriesischen Inseln, und wie wird man sie am bequemsten von Berlin aus erreichen?

Provinz Westfalen. 129. Zwischen welchen preußischen Provinzen, deutschen und außerdeutschen Staaten liegt Westfalen?

130. Welche Mannigfaltigkeit zeigt Westfalen nach seinem Anteil an den Bodenformen?

131. Welche Bucht des norddeutschen Tieflandes gehört West- falen fast ausschließlich an?

132. Zwischen welchen Strömen liegt Westfalen, und welcher von beiden berührt die Provinz?

133. Durch welche Nebenflüsse gewinnt Westfalen auch Anteil an dem andern Strome?

134. In welche Regierungsbezirke zerfällt die Provinz, und wie teilen sie die Bodenformen unter sich?

135. Wie heißen die drei größten westfälischen Stationen der Eisenbahn, die von der unteren Weser nach dem Rheinlande führt, und inwiefern ähneln sich die erste und die dritte in der geogr. Lage?

136. Auf was für einem Gebiete der Volksverdichtung liegen die gesuchten Städte?

137. Wie heißt der Hauptort des Regierungsbezirkes Minden in der münsterschen Tieflandsbucht, und an welcher Stelle derselben liegt er?

138. Welcher Regierungsbezirk Westfalens ist der städtärmste, wie heißt die einzige größere Stadt in ihm, und welche Lage macht sie geschickt zum Regierungssitz?

139. In welchem Flußgebiete verdichtet sich die Bevölkerung des Regierungsbezirkes Arnsberg am stärksten, und worauf ist das nach der geologischen Karte zurückzuführen?

140. Wie heißen die vier größten westfälischen Städte in diesem Bevölkerungsgebiete, und wie liegen sie a. zur Ruhr, b. zum Schiefer-gebirge, c. zu einander?

141. Welche westfälische Stadt liegt 50 Kilometer ö. von Dortmund, und worin gleicht sie nach ihrer Lage dem genannten Orte?

142. Auf welchen Teil des Schiefergebirges greift Westfalen im äußersten S. über, welche Stadt liegt dort, und woran erinnert ihr Name?

143. An welchen Gebirgen hat die Provinz Hessen-Nassau An-teil, und wo allein besitzt sie ein kleines Stück der Tiefebene?

144. Welchen Flußgebieten gehört Hessen-Nassau an, und wie scheiden sich nach ihnen ungefähr die Regierungsbezirke?

145. An welchen Flüssen liegen Grenzen von Hessen-Nassau, und von welchen Gebieten wird es durch sie geschieden?

146. Welche Flüsse gehören dem Regierungsbezirk Kassel von der Quelle bis zur Mündung an, und wie verhalten sie sich in ihrer Entwicklung zu einander?

147. Zwischen welchen Gebirgen verlaufen ihre Thäler, und von welcher Straße werden letztere benützt?

148. Welcher größere Ort der Provinz liegt a. an dem n., b. an dem s. Endpunkte der Straße, c. an dem Übergangspunkte aus dem einen in das andere Thal?

149. Nach welchem Flußthale strebt die Eisenbahn von Kassel in die s. Landschaften des Schiefergebirges, und bei welchem Orte erreicht sie das Thal?

150. Welches Gebirge wird man am bequemsten a. von Kassel, b. von Fulda aus besuchen?

151. In welchen drei Flußthälern sammelt sich die Bevölkerung des Regierungsbezirkes Wiesbaden vorzugsweise in städtischen
Ansiedlungen?

152. In welchen dieser Thäler sind die Orte am kleinsten,
und inwiefern hängt das mit der Natur der Thäler zusammen?

153. Gieb einige Namen solcher Orte in den Thälern an!

154. Charakterisiere die Lage der Stadt Wiesbaden, und gieb
einen besonderen Grund für die Milde ihres Klimas an!

155. Wie heißt die größte Stadt der Provinz Hessen-Nassau,
und in welchen Naturstraßen, bezeichnet nach Flußläufen und Ge-
birgspforten, laufen die Eisenbahnen, die sich in ihr vereinigen?

Rheinprovinz.   156. Von welchen deutschen und außerdeutschen Gebieten wird
die preußische Rheinprovinz begrenzt?

157. Gieb an, a. welche Teile des rheinischen Schiefergebirges
nicht zur Rheinprovinz gehören, b. welcher Teil der norddeutschen
Tiefebene ihr zufällt!

158. Zwischen welchen bedeutsamen Punkten seines Laufes
fließt der Rhein in der Rheinprovinz, und wie groß ist die Luftlinie zwischen beiden Punkten?

159. Welche Nebenflüsse des Rheines münden in der Rheinprovinz, und welche von ihnen gehören ihr ganz an?

160. Inwiefern ist die Rheinprovinz ein Gebiet benachbarter
Gegensätze in Klima und Volksverdichtung, und welches sind solche
Gegensätze?

161. Was ergiebt ein Vergleich der Rheinprovinz mit den
übrigen preußischen Provinzen, der nach Größe des Gebietes und
der Volksverdichtung die Bevölkerungszahl abschätzt?

162. In welchem natürlichen Teile der Rheinlande häuft sich
die Zahl der größeren Städte am meisten, und wieviel Großstädte
zählst du dort?

163. Welches religiöse Bekenntnis herrscht in der Rheinprovinz
vor, und auf welcher Rheinseite zählt es seine meisten Anhänger?

164. Gieb die Regierungsbezirke der Rheinprovinz an, und
bezeichne diejenigen, welche keinen Anteil am Rheine selbst haben!

165. Woraus erklärt sich die verhältnismäßige Armut an
größeren Städten im Regierungsbezirke Koblenz a. in den Thälern,
b. auf den Höhen?

166. Wo liegt die geräumigste Stelle für größere Ortsanlagen
im Regierungsbezirke Koblenz, und wie heißen die zwei größten
Städte, die sich dort gebildet haben?

167. Auf welche Thatsache der Lage spielt der Name der
Stadt Koblenz (Confluentes = Zusammenfluß) an?

168. Welche Straßen kreuzen sich in Koblenz, und welche
militärische Bedeutung der Stadt beruht hierauf?

169. Wie heißt der größte Ort an der Nahe, und an welcher
Stelle des Flusses liegt er?

170. Welche Stadt an der Lahn gehört zur Rheinprovinz?

171. Inwiefern rechtfertigt die Lage am Flusse und in der Provinz eine Bezeichnung Kölns als Hauptstadt der preußischen Rheinlande?

172. Welche rechtsrheinischen Städte liegen in der nächsten Nachbarschaft von Köln?

173. Bei welcher Stadt werden Rheinreisende das Schiff verlassen, um das Siebengebirge zu besuchen?

174. Wie heißen die vier größten Städte im Wuppergebiet, und wie liegen sie a. zu einander, b. zur Wupper?

175. Löse die Aufgabe 174 für das Ruhrgebiet der Rheinprovinz!

176. In welcher Stadt am Rheine vereinigen sich die Schienenwege aus dem Ruhr- und Wuppergebiete, und was bildet sie darum für jene Landschaften?

177. Wie heißt die Festung im N. der Rheinlande, und welche natürlichen und künstlichen Straßen treffen sich in ihr?

178. Mit welchen deutschen Festungen kann sie in ihrer Flußlage verglichen werden?

179. Suche a. eine Großstadt, b. eine Doppelstadt auf der linksrheinischen Seite des Regierungsbezirkes Düsseldorf, und bezeichne ihre Lage zum Regierungssitz!

180. Nenne drei Grenzstädte im Regierungsbezirk Aachen, und gieb das Gemeinsame ihrer mathem. und geogr. Lage (Bodenform) an!

181. Welche von diesen Städten liegt auf einem Kohlenflöze, und welche Stellung unter den drei gesuchten Städten dürfte sich hieraus erklären?

182. In welcher preußischen Stadt wird wallonisch gesprochen?

183. Wie heißt die südlichste Stadt in der Rheinprovinz, und an welchem Flusse liegt sie?

184. Welche Erklärung giebt die geologische Karte für die besondere Begehrlichkeit der Franzosen (1866 und 1870) nach dieser Stadt und ihrer Umgebung?

185. An welcher bedeutungsvollen Stelle des Mosellaufes liegt Trier?

186. Wodurch wird die Bedeutung der Mosel für die Verbindung von Trier mit dem Rheine abgeschwächt, und inwiefern veranschaulicht das auch die Lage des Schienenweges dorthin?

187. Gieb an, a. auf welchem Gebirge, b. zwischen welchen Flüssen der Hauptteil des Fürstentums Hohenzollern liegt!

188. Wie heißt der Hauptort des Ländchens, und an welchem der beiden Flüsse liegt er?

189. Nenne die kleinen Ost- und Nordseestaaten a. in OW. Folge, b. geordnet nach ihrer Größe!

Die norddeutschen Kleinstaaten.

190. Wie heißen die preußischen Provinzen, von welchen die beiden **Mecklenburg** begrenzt werden?

191. In welches Stück des Gradnetzes kann man sich Mecklen= burg=Schwerin verschoben denken, und wie groß wird es demnach ungefähr sein?

192. Wie heißen die beiden größten Flüsse Mecklenburgs, und welchen Meeren führen sie ihr Wasser zu?

193. Welches sind die zwei größten Seen Mecklenburgs, und in welches Flußgebiet gehören sie?

194. Gieb an, a. welche Mundart die Mecklenburger sprechen, b. zu welcher Kirche sie sich bekennen!

195. Wie heißt die Hauptstadt von Mecklenburg=Schwerin, und was sagt die Karte über ihre Lage?

196. Wie heißt der Hafen von Schwerin, und wie liegt er zur Landeshauptstadt?

197. Welche mecklenburgische Seestadt nennt deine Karte außerdem, und wodurch wird ihr Hafen gebildet?

198. Wie liegen die beiden Gebiete von Mecklenburg=Strelitz zu Mecklenburg=Schwerin, und in welchem Teile liegt die Haupt= stadt des Ländchens?

199. Wodurch erschließt sich für **Lübeck** a. die Ostsee, b. das Elbgebiet, und zwischen welchen Ländern wird demnach Lübeck be= sonders den Verkehr vermitteln?

200. In welchen Punkten ähnelt Hamburgs Lage derjenigen Lübecks, und inwiefern ist ersteres zugleich letzterem darin überlegen?

201. In welchem Punkte der Lage erscheint Hamburg vor allen Nordseehäfen bevorzugt?

202. Woraus wird es zu erklären sein, daß Wien über Hamburg mehr Kolonialwaren bezieht als über Triest?

203. In welchen zwei Punkten ist die Elbstelle, an der Ham= burg liegt, merkwürdig?

204. Welcher Fluß bildet den Binnenhafen für Hamburg?

205. Welchen Hafen besitzt Hamburg an der Elbmündung, und in wieviel Stunden wird ihn a. ein Dampfer, b. ein Schnell= zug von Hamburg aus erreichen?

206. Welcher englische Nordseehafen liegt mit Hamburg in gleicher Br., und in wieviel Stunden wird ein Dampfer zwischen ihm und Curhaven verkehren?

207. Welche Ähnlichkeit der Lage besteht zwischen Hamburg und **Bremen**, und warum steht doch letzteres dem ersteren in der Verkehrsgunst nach?

208. Wie heißt der Vorhafen von Bremen, und an welcher Stelle der Weser liegt er?

209. Gieb an, a. welche Meeresteile, b. welche Staaten das Großherzogtum **Oldenburg** begrenzen!

210. Auf welche Beschäftigungen der Oldenburger läßt Lage und Bodengestalt des Landes einen Schluß zu?

211. Welcher Teil Oldenburgs muß ehedem geistlicher Besitz gewesen sein, wenn daran noch heute das katholische Bekenntnis seiner Bewohner erinnert?

212. Wie heißt der Hauptfluß Oldenburgs, und welche Stadt liegt an der oberen Grenze seiner Schiffbarkeit?

213. Wo liegen die beiden Nebenländer Oldenburgs, und wie heißt in jedem der Hauptort?

214. Nenne die drei kleinsten Staaten im Wesergebiet, und bestimme ihre Lage a. zur Weser, bez. zu deren Nebenflüssen, b. nach den Bodenformen!

215. Wie heißen die Hauptstädte dieser Staaten, und wie liegen sie zu einander?

216. Welche Eigentümlichkeit zeigt Braunschweig in der Ge= staltung seiner Gebietsfläche?

217. Bestimme den geschlossensten Teil derselben a. nach zwei Flüssen, b. nach dem nächsten Gebirge!

218. Wie heißt die Hauptstadt von Braunschweig, und in welchem Punkte der Lage ist sie mit Hannover zu vergleichen?

219. Nenne einen zweiten Ort im Hauptlande von Braun= schweig!

220. Auf welchen Gebirgen liegen die s. Gebiete Braunschweigs, und welche Flüsse bilden die ö. und w. Grenze?

221. Nenne einen braunschweigischen Ort a. an dem einen, b. in der Nähe des anderen der beiden Grenzflüsse!

222. Zwischen welchen Höhenzügen dehnt sich das Herzogtum Anhalt von W. nach O. aus?

223. Wie heißt der Hauptstrom von Anhalt, und welche seiner Nebenflüsse schneiden das Ländchen?

224. Nenne die größte anhaltische Stadt an jedem dieser Neben= flüsse, bezeichne unter ihnen die Hauptstadt und was an deren Fluß= lage merkwürdig ist!

225. Von welchen Linien im Gradnetz wird das Königreich Sachsen geschnitten, und was ergiebt sich hieraus für seine Lage im germ. M.? *Königreich Sachsen*

226. In welcher Gestalt liegt Sachsen zwischen seinen Grenzen, und welche Nachbargebiete berühren es auf den einzelnen Seiten?

227. Auf welchen Gebirgen liegt die sächsische Grenze gegen Böhmen?

228. Welchem Flußgebiete gehört fast ganz Sachsen an, und was wird über die Abdachung des Landes aus dem Lauf der ein= zelnen Flüsse ersichtlich?

229. Welches Flußnetz bedeckt den größten Teil W.=Sachsens, und welche seiner Fäden liegen ganz auf sächsischem Boden?

230. Welche Stellung nimmt Sachsen nach der Größe der

Fläche, welche die höchsten Verdichtungsgrade der Bevölkerung veranschaulicht, im deutschen Reiche ein?

231. In welcher Gegend Sachsens kann man nichtdeutsche
Laute hören, und welches Völklein spricht sie?

232. Zu welcher Kirche bekennen sich die meisten Bewohner
Sachsens?

233. Suche die vier Städte auf, nach denen die Kreishaupt-
mannschaften Sachsens benannt sind, und gieb die Lage der letzteren zu einander an!

234. Nenne die beiden größten Städte der kleinsten Kreishauptmannschaft, und bestimme ihre Lage nach Bodenformen und
Bewässerung!

235. Gieb a. zwei Ähnlichkeiten, b. einen Unterschied in der
natürlichen Lage zwischen Dresden und Breslau an, und erkläre
aus dem gesuchten Unterschied einen weiteren im Klima beider Orte!

236. Wie heißen die nächsten Elbstädte auf- und abwärts von
Dresden, und was ist an ihrer Lage bemerkenswert?

237. Suche die größte Muldenstadt der Kreishauptmannschaft
Dresden auf, und bestimme ihre Lage zum Regierungssitze!

238. Wie heißt die größte Stadt in der Kreishauptmannschaft
Zwickau, und für welchen Teil Sachsens hat sie Mittellage?

239. Welche Bodenschätze der Nachbarschaft werden die gewerbliche Entwicklung von Chemnitz gefördert haben?

240. Wo häufen sich die größeren Mittelstädte in der Kreishauptmannschaft Zwickau, und wie liegen sie zu den beiden Flüssen
ihrer Landschaft?

241. Suche die größte Stadt im oberen Erzgebirge, und bestimme ihre Lage nach der Nachbarschaft a. bedeutender Gipfel,
b. eines Flusses!

242. Wie heißt die größte Stadt im Vogtlande, und an welchem
Flusse liegt sie?

243. An welcher charakteristischen Stelle des norddeutschen
Tieflandes liegt Leipzig, und mit welchen andern Städten ist es
in solcher Lage zu vergleichen?

244. Welche Flüsse vereinigen sich bei Leipzig, und aus welchen Thälern laufen außerdem die Straßen in der Leipziger Pflege
zusammen?

245. Aus welchen Landschaften vereinigen sich so von S. her
die Schienenstränge in Leipzig?

246. In wieviel Eisenbahnlinien strahlt der in Leipzig ver-
dichtete Verkehr nach Norddeutschland aus, und nach welchen großen preußischen Städten an ihnen können wir die Geleise benennen?

Thüringen. 247. An welchem Flusse liegt das größte Flächenstück a. von
Reuß ältere Linie, b. von Reuß jüngere Linie?

248. Wie heißt die Hauptstadt in jedem der reußischen Fürsten-
tümer, und welche Ähnlichkeit der Lage besteht zwischen beiden Orten?

249. Bestimme die Lage der beiden Gebiete des Herzogtums Altenburg a. durch je einen Fluß, b. durch das sie trennende fremde Gebiet!

250. In welchem Teile liegt die Hauptstadt Altenburgs, und was ist an ihrer Lage nach der Gebirgskarte bemerkenswert?

251. In wieviel Hauptstücke zerlegt sich das Großherzogtum Sachsen-Weimar, und welche Stellung nimmt es nach seiner Gesamtgröße unter den thüringischen Staaten ein?

252. An welchem Flusse liegen die östlichsten, auf welchem Gebirge die westlichsten Gebiete des Großherzogtums?

253. Welcher Fluß gehört zum größten Teile dem Mittelstück von Sachsen-Weimar an, und wie heißen die zwei größten Orte des Landes an ihm?

254. An welchem Flusse liegt Jena, und welches Bild machst du dir nach der Gebirgskarte von seiner Lage?

255. Welche Orte Thüringens liegen mit Eisenach in gleicher Br., und welche von ihnen sind Regierungssitze?

256. In wieviel Hauptstücke zerfällt das Herzogtum Sachsen-Coburg-Gotha, und wie liegen sie zum Thüringer Walde?

257. Wie heißt der Hauptort in jedem Stücke, und welche Mundart spricht man in dem und jenem?

258. Gieb an, a. auf welcher Seite des Thüringer Waldes, b. an welchem Flusse der Hauptteil von Sachsen-Meiningen liegt!

259. Wie heißt der größte Ort des Ländchens an diesem Flusse, und als was bezeichnet ihn die Karte?

260. An welcher Stelle greift Meiningen auf die Nordabdachung des Thüringer Waldes über, und welche Stadt besitzt es dort?

261. Welche Stadt in Meiningen gewinnt auf dem Umwege über Coburg ihre Schienenverbindung mit der eigenen Hauptstadt?

262. Welche Ähnlichkeiten der Lage bestehen zwischen den beiden Fürstentümern Schwarzburg?

263. Wie unterscheiden sie sich in der Lage ihrer Residenzen?

264. An welchem Flusse liegt die eine und die andere?

265. Wie heißt die größte Stadt im Oberlande von Schwarzburg-Sondershausen?

266. Stelle in einer Zeichnung die Hauptstädte der preußischen Provinzen und die übrigen Großstädte Norddeutschlands so zusammen, daß durch Linien im Maßstabe der Karte ihre Lage und Entfernung von Berlin veranschaulicht wird!

267. Gieb an, a. auf welchen Gebirgen, b. in welchen Flüssen *Bayern.* Stücke der Staatsgrenze von Bayern liegen, und mit welchen Staaten es sich an jeder einzelnen Stelle berührt!

268. Berechne die Größe der bayrischen Pfalz als ein Quadrat mit der Entfernung zwischen den äußersten Punkten ihres Rheinstückes als Grundlinie!

269. Wie groß wird Bayern sein, wenn die Pfalz den fünf= zehnten Teil des ganzen Staates ausmacht?

270. Gieb an, welche Bodenformen a. ganz, b. teilweise zu Bayern gehören!

271. An welchen Flußgebieten hat Bayern Anteil, und welche Flüsse von jedem liegen ganz auf bayrischem Boden?

272. Zwischen welchen Punkten fließt a. die Donau, b. der Inn, c. der Lech, d. der Main auf bayrischem Gebiete?

273. Welche Verdichtungsgrade fehlen im Hauptlande von Bayern ganz, und was kann die geologische Karte zur Begründung sagen?

274. Wo und warum dürfen wir nach der geologischen Karte in der bayrischen Pfalz ein Gebiet starker Volksverdichtung suchen?

275. Welches ist das ausgedehnteste bayrische Gebiet mit einer verhältnismäßig geringen Volksverdichtung?

276. In welchem Teil der Hochebene sinkt die Volksmenge auf die des Alpengebietes herab, und womit begründet das die Fluß= und Gebirgskarte?

277. Wie heißen die beiden Großstädte Bayerns, und für welchen Staatsteil bildet jede ungefähr den Mittelpunkt?

278. Welche deutschen Volksstämme sind im Königreich Bayern vertreten, und welcher ist nach Maßgabe der bewohnten Fläche und der Verdichtung auf ihr der volkreichste?

279. Gieb an, in welchen Landschaften Bayerns a. der Katholi= cismus, b. der Protestantismus überwiegt, c. beide Bekenntnisse gemischt auftreten!

280. Wie heißt die Hauptstadt im schwäbischen Kreise, und an welchem Flusse liegt sie?

281. Wo findet der Schienenweg, der von Augsburg nach S. führt, sein Ende, und nach welchem Lande wird der Endpunkt zugleich wichtige Eingangspforte sein?

282. Bei welchem Orte schneidet der bayerische Schienenweg nach dem Bodensee den Iller, und in welches Alpengebiet führt hier das Flußthal?

283. Welcher Ort liegt da, wo der Lech in die Ebene ein= tritt, und wodurch wird dieser Punkt zugleich politisch markiert?

284. Wie hoch wird nach der Gebirgskarte München liegen?

285. Welche Ähnlichkeit besteht zwischen Berlin und München in dem landschaftlichen Charakter a. der nächsten, b. der ferneren Umgebung?

286. Welcher Ort ist ungefähr ebensoweit und in derselben Richtung von München entfernt, wie Potsdam von Berlin, und inwiefern gleichen beide einander in der Lage?

287. Auf welches Flußthal streben die Eisenbahnen von Bayern nach Tirol hin, und bei welchem Orte vereinigen sie sich?

288. Wie lang wird die Leitung mindestens sein müssen, welche die Salzsole von Reichenhall nach Rosenheim führt?

289. Welcher See markiert das sö. Gebiet Bayerns, und von welchem Orte aus wird man ihn besuchen?

290. Bei welcher Stadt im oberbayrischen Kreise stoßen die Schienenwege aus den Mainlandschaften auf die Donau, und mit welchem Zeichen bringt die Karte eine Verkehrsbedeutung des Ortes zum Ausdruck?

291. Wie heißt die Kreisstadt von Niederbayern, und an welchem Flusse liegt sie?

292. Welchen Charakter zeigt die Innlandschaft zwischen ihr und München, und welche Bedeutung wird das für die Lage der Straßenzüge auf der Hochebene haben?

293. Worauf spielt die Bezeichnung von Passau als „Donau= Coblenz" an?

294. Welche bemerkenswerte Thatsache in der Lage von Passau ist damit noch nicht bezeichnet?

295. Gieb an, a. aus welchen Nachbargebieten Bayerns sich die Straßen in der Oberpfalz vereinigen, b. bei welchem Punkte sie die Donau erreichen, und c. warum sie gerade nach diesem Punkte am Flusse streben!

296. Suche 3—4 oberfränkische Orte auf, und bestimme ihre Lage a. zum Fichtelgebirge, b. zu Flüssen der Landschaft!

297. Wie heißt die größte Stadt in Oberfranken, und welchen Vorzug besitzt sie vor den übrigen in ihrer Lage?

298. Welcher fränkische Flußlauf erscheint als die n. Fort= setzung der Lechlinie, und wie heißen die drei größten Orte in seiner Thalung?

299. Wie liegen die zwei kleineren Orte zu dem größeren?

300. Inwiefern erinnert Nürnberg nach seiner Lage im Fluß= geäder an Berlin und Bromberg, und welches sind die bez. Ver= gleichsstücke?

301. Wie heißt der Regierungssitz in Mittelfranken, und welche Verkehrswege schneiden sich in ihm?

302. Nenne die 3 größten Städte in Unterfranken, und gieb a. etwas Gemeinsames, b. etwas Besonderes ihrer natürlichen Lage an!

303. Wie heißt die bedeutendste von ihnen, und[an welchem Stücke der Mainlinie liegt sie?

304. In welche drei Gruppen kann man die Städte der bau= rischen Rheinpfalz nach der natürlichen Lage bringen?

305. Wie heißen die zwei größten Rheinstädte der Pfalz, und wie liegen sie zu einander?

306. Welche von ihnen ist Regierungssitz, und warum wird ihr die andere als Flußhafen überlegen sein?

307. Bei welcher Stadt streben die Schienenwege aus der Rheinebene nach dem Westrich, und wie wird man sie nach ihrer natürlichen Lage von anderen Städten gleichen Namens unterscheiden?

308. Wie heißen die drei größten bayrischen Städte auf dem Westrich, und wie liegen sie zu einander?

309. Welche nachbarlichen Bodenschätze werden ihre gewerbliche Entwicklung gefördert haben?

Württemberg. 310. Welche Landschaft bildet das Kernstück von Württemberg, und auf welchen Gebirgen liegen ihre Grenzen?

311. An welcher Stelle greift Württemberg über diesen Gebirgsrahmen hinaus, und wie weit reicht es dort südwärts?

312. Wie könnte man Württemberg nach dem Hauptfluß seiner Kernlandschaft bezeichnen, und zwischen welchen Punkten seines Laufes besitzt es ihn?

313. Welche Begünstigung erfährt diese Kernlandschaft in klimatischer Hinsicht?

314. Inwiefern spricht auch die Anordnung der Verdichtungszonen auf der Bevölkerungskarte für die Bezeichnung jener Landschaft als Kernstück Württembergs?

315. Wie kann man Württemberg nach dem Hauptstamm seiner Bevölkerung bezeichnen?

316. Wo hört man in Württemberg a. die alemannische, b. die fränkische Mundart?

317. Inwiefern nimmt der außerhalb des Neckargebietes gelegene Teil Württembergs auch eine Sonderstellung in dem religiösen Bekenntnis seiner Bewohner ein?

318. Wie heißen in der Ordnung von oben nach unten die vier größten Städte Württembergs am Neckar?

319.. Wie heißt die einzige Großstadt Württembergs, und welcher Neckarstadt ist sie benachbart?

320. Auf welche württembergische Stadt außerhalb des Neckargebietes streben die meisten Eisenbahnen zu, und welche natürlichen Straßen vereinigen sich außerdem dort?

321. Gieb drei bis vier Punkte an, in denen Ulm mit Passau zu vergleichen ist!

322. An welcher Stelle und in welchem Orte findet die württembergische Südbahn ihr s. Ende, und wieviel Stunden wird ein Eilzug von Ulm nach jenem Orte unterwegs sein?

Baden. 323. Worin findet Baden im W., S. und N. natürliche Grenzen?

324. Als was kann man Baden nach seiner Hauptbodenform bezeichnen?

325. Von welchem Flusse besitzt Baden den Unterlauf und ein Stück des Mittellaufes, von welchem andern das Quellgebiet?

326. Welche Übereinstimmung besteht nach Lage und Anordnung zwischen den Zonen des jährlichen Wärmemittels und der Volksverdichtung in Baden, und welchen Schluß erlaubt das?

327. Welche Stämme wohnen in Baden, und wie teilen sie sich in die Bodenformen des Landes?

328. Zu welchem religiösen Bekenntnis zählt die Mehrzahl der Bewohner und welcher der gesuchten Volksstämme insbesondere?

329. Wie heißt die einzige größere Stadt Badens am Rheine, und an welcher charakteristischen Stromstelle liegt sie?

330. Was ist an der Lage des Schienenweges eigentümlich, der in der Längsachse Badens zieht?

331. Bei welchen Orten gehen von ihm die meisten Querlinien nach O. ab, und womit erklärt das die Gebirgskarte?

332. Sprich dich über die Lage von Heidelberg aus, und suche deutsche Städte in ähnlicher Lage auf!

333. Was sagt die Karte a. der Mundarten, b. der religiösen Bekenntnisse über die Lage von Karlsruhe?

334. Nach welchem Flusse strebt die Ostbahn von Karlsruhe aus, und bei welcher Stadt erreicht sie ihn?

335. Welchen Weg hat die Festung Rastatt bei einem feind= lichen Angriff von W. her zu decken, und welcher Ort erfreut sich zunächst dieser Deckung?

336. Wie heißt der größte Ort im badischen Oberland, und welche Ähnlichkeit der Lage zeigt er mit Rastatt?

337. Mit welchem Orte greift Baden auf das linksrheinische Ufer über, und an welcher bedeutsamen Stromstelle liegt er?

338. Wodurch werden a. natürlich, b. politisch die beiden Hauptteile des Großherzogtums Hessen voneinander geschieden?

Großherzog= tum Hessen.

339. Von welcher preußischen Provinz wird der n., von welchen deutschen Staaten der s. umschlossen?

340. Welches ist a. das wichtigste Gebirge, b. der größte Fluß, c. die Ebene in jedem der beiden Teile?

341. Welche Unterschiede zeigen beide Landesteile a. im Klima, b. in der Verdichtung, c. in der Stammeszugehörigkeit, d. in dem religiösen Bekenntnis ihrer Bevölkerung?

342. Nenne die Hauptstadt von Hessen, und sprich dich über ihre natürliche Lage aus!

343. Von welchen größeren Orten kommen die Eisenbahnen, die sich in der hessischen Hauptstadt kreuzen?

344. Mit welcher Stadt nimmt Hessen an der wichtigen Stelle teil, wo die Straßen von Norddeutschland auf den Main stoßen, und zwischen welchen preußischen Städten liegt sie?

345. An welcher bedeutsamen Stromstelle liegt Mainz, und welchen deutschen Festungen ist es darin zu vergleichen?

346. Welcher rheinischen Festung gleicht Mainz insbesondere mit seinem rechtsrheinischen Brückenkopf, und wie heißt er?

347. Inwiefern kann man behaupten, Mainz stelle kriegerisch die Bedeutung dar, welche Frankfurt für den friedlichen Verkehr besitzt?

348. Charakterisiere die Lage a. von Bingen, b. von Worms in drei Punkten nach politischen und natürlichen Verhältnissen!

349. Wie heißt die einzige größere Stadt in Oberhessen, und an welchem charakteristischen Flußpunkte liegt sie?

350. Berechne die Größe des Reichslandes aus zwei Rechtecken, von denen das eine mit seiner kurzen Seite an die Längsseite des anderen sich anlegt!

351. Weise nach, daß man das Elsaß als Zwillingsland von Baden a. in der Bodengestaltung, b. in der Bewässerung, c. im Klima, d. in der Anordnung der Verdichtungszonen, e. in der Stammesverwandtschaft der Bevölkerung, f. nach der politischen Nachbarschaft im N. und S. bezeichnen kann!

352. Nenne drei Flüsse und zwei Kanäle, die sich in der Landschaft von Straßburg treffen!

353. Nenne die Landschaften, in welche die gesuchten Wasserwege führen, und suche an den Eisenbahnen, von denen sie begleitet, bez. fortgesetzt werden, 6 Festungen, von denen immer je 2 gleichweit von Straßburg entfernt sind!

354. Wie heißen die beiden größten Orte im oberen Elsaß, und was ist das Gemeinsame in ihrer Lage?

355. Welches ist der größere von beiden, und welchen doppelten Vorzug der Lage genießt er vor dem kleineren?

356. Wie heißen die beiden Grenzfestungen in Deutschlothringen, und was ist das Gemeinsame a. in ihrer mathem., b. in ihrer geogr. Lage?

Die außerdeutschen Staaten.

357. Wie heißen die Nachbarstaaten der **Schweiz**, und in welchen Gebirgen und Flüssen liegen die Grenzen zwischen ihnen und ihr?

358. Bestimme vier Grenzpunkte, wo die Schweiz mit je zwei Nachbarstaaten zusammenstößt!

359. Welches auffällige Verhältnis besteht zwischen der Größe des schweizerischen Staatsgebietes und seiner Grenze?

360. Welcher süddeutsche Staat ist ungefähr halb so groß als die Schweiz?

361. In welche Landschaften zerfällt die Schweiz nach ihren Oberflächenformen, und wie folgen sie nach der Flächengröße aufeinander?

362. Welcher Fluß müßte insbesondere noch zur Schweiz gehören, wenn sie das ganze obere Rheingebiet besitzen sollte?

363. An welchen Flüssen hat die Schweiz noch Anteil, und wieviel von jedem liegt auf schweizerischem Boden?

364. Nenne die größeren Seen, welche a. ganz, b. teilweise zur Schweiz gehören, und bezeichne für die letzteren die Mitbesitzer!

365. Welcher Satz wird sich aus Lage und Bodengestaltung

der Schweiz über die Höhe a. der Jahrestemperaturen, b. der Niederschlagsmengen ableiten lassen?

366. Welche Gebiete müssen nach der Höhe der Jahresmittel als die meistbegünstigten gelten?

367. Wie ordnen sich die Zonen der Volksverdichtung an, und welchen natürlichen Verhältnissen entspricht das?

368. Zu welcher Nation gehört der größte Teil der Schweizer, und welche Mundart spricht er?

369. Welche Zweige des romanischen Stammes finden sich in der Schweiz, und welche Teile hat jeder besiedelt?

370. Nenne das geschlossenste katholische Gebiet a. in der deut= ... n, b. in der französischen Schweiz!

371. Nenne die vier Kantone um den Vierwaldstätter See, .) bezeichne den Hauptort in jedem nach seiner Lage zum See!

372. Wie heißt der größte dieser Orte, und in welche Alpen= l ..dschaften führen von ihm aus die bequemsten Wege?

373. Nenne den Kanton, welcher sich ö. an die Urkantone an= l t, und bestimme die natürliche Lage (Berg — Fluß!) seines { .ptortes!

374. Welcher Kanton umfaßt das höchste Gebiet der Thur= A oen, und von welchem anderen wird er umschlossen?

375. Wie heißen die schweizerischen Häfen am Bodensee, und so(chen Kantonen gehören sie an?

376. Mit welchem Kanton greift die Schweiz auf das r. Rhein= uf r über, und an welcher Stromstelle liegt sein Hauptort?

377. Welche Ähnlichkeit besteht zwischen Zürich und Luzern a. in der landschaftlichen, b. in der Verkehrslage?

378. Wie heißen die beiden größten Orte an der unteren Aare, und welchen Kantonen gehören sie an?

379. Gieb an, inwiefern die Lage von Basel a. am Strome, b. im Staatsgebiete, c. zu benachbarten Bodenformen den Verkehr günstig beeinflußt!

380. Über welche Bodenformen erstreckt sich der Kanton Bern, und auf welcher liegt seine Hauptstadt?

381. Mit welchen schweizerischen Grenzorten liegt die Stadt Bern ungefähr in einer Linie, und wie weit ist sie von jedem ent= fernt?

382. Auf welche Lage weist der Name von Interlaken (inter lacus = zwischen den Seen) hin?

383. Nenne die Hauptorte der drei sw. Kantone, und be= zeichne etwas Gemeinsames in ihrer Lage!

384. Wie heißt der größte schweizerische Ort im Jura, und wie liegt er zur Hauptstadt seines Kantons?

385. Gieb in drei Punkten die Ähnlichkeit der Lage zwischen Genf und Basel an!

386. An welchem Flusse liegt Freiburg, und welche Stellung nimmt es im Sprachgebiet ein?

387. Welcher Kanton besitzt das obere Rhônethal, und wie heißt sein Hauptort?

388. Nenne die Paßwege, welche in das Rhônethal führen, samt den Orten, wo sie einmünden!

389. Welcher Schienenweg läuft durch den Kanton Tessin, wo tritt er im N. ein, wo spaltet er sich, und zu welchen schwei= zerischen Seestationen führt er?

390. Nenne den Hauptort von Graubünden, und bestimme a. seine Stromlage, b. die Alpenstraßen, welche sich bei ihm ver= einigen!

Belgien.

391. Wie heißen die Nachbarstaaten von Belgien?

392. Um welches Gebiet würde Belgien größer sein, wenn seine Staatsgrenze gegen Frankreich mit der Naturgrenze zusammenfiele?

393. Gegen welchen Staat fällt die belgische Grenze etwa mit einer Sprachgrenze zusammen, und inwiefern ist diese Grenzstrecke auch im Gradnetz markiert?

394. Was sagt die Karte a. über Richtung und Länge, b. über Gestaltung und Wert der belgischen Küste, c. über ihr Maßver= hältnis zur Gebietsfläche?

395. Inwiefern ist die Lage der belgischen Nordwestgrenze be= sonders ungünstig?

396. An welchen Bodenformen hat Belgien Anteil, und wie verteilen sie sich nach Lage und Maß auf das Land?

397. Welche Ähnlichkeit zeigen a. die zwei größten Flüsse, b. ihre Nebenflüsse in der Gestalt des Laufes auf belgischem Boden?

398. Wie hoch liegen die Jahrestemperaturen für den größten Teil Belgiens, und warum ist trotzdem der Weinbau ohne Be= deutung?

399. Innerhalb welcher Grenzen hält sich der jährliche Nieder= schlag, und für welche Beschäftigungen ist damit eine Vorbedingung gegeben?

400. Welche Stellung nimmt Belgien nach der Volksver= dichtung unter den europäischen Staaten ein, und inwiefern läßt sich das aus der Verkehrslage, dem Klima und den Bodenschätzen erklären?

401. Mit welcher natürlichen Grenze fällt die sö. Grenze höchster Verdichtung zusammen, und woraus ist das zu erklären?

402. Nenne die nationalen Bestandteile der belgischen Be= völkerung, und gieb an, a. welche Bodenformen, b. welches Fluß= gebiet jeder vorzugsweise einnimmt!

403. Welche Nationalität wird nach der Kopfzahl ihrer Ver= treter das Übergewicht haben?

404. Welche geschlossene Einheit bildet Belgien auf religiösem Gebiete?

405. Berechne das rechtwinklige Dreieck, dessen Seiten im W.=, NO.= und SO.=Punkte Belgiens zusammenstoßen, und schätze darnach das Staatsgebiet ab!

406. In welcher belgischen Provinz liegt Brüssel, und welche Verhältnisse der Lage im Natur=, Staats= und Sprachgebiet machen es zur Hauptstadt geeignet?

407. Wie heißt der größte Hafen Belgiens, und welche Un= gunst der Küstenbildung macht seinen Besitz zu einer Lebensfrage des Landes?

408. Welche doppelte Bedeutung wird er insbesondere für das hochentwickelte Gewerbe seines Hinterlandes haben?

409. Welcher belgische Hafen wird die Überfahrt nach Dover vermitteln, und in wieviel Stunden wird sie sich vollziehen?

410. Durch welche belgischen Landschaften geht die „englische Post" von Ostende nach Brüssel, und wie heißt in jeder Landschaft ihre Hauptstation?

411. Welche Stadt liegt im Mittelpunkt eines Fluß= und Kanalnetzes, und wohin gewinnt sie damit Handelswege?

412. Bei welchem Orte geht die „englische Post" über die Maas, und wieviel Stunden wird sie von Ostende bis hierher unterwegs sein?

413. Wie heißen die zwei größten Orte auf dem belgischen Kohlengebiet, und durch welche Verkehrslage wird die Bedeutung eines jeden noch gehoben?

414. Veranschauliche in einer Zeichnung Lage und Entfernung der gesuchten Städte Belgiens von Brüssel!

415. Welche deutschen Städte bezeichnen den N.= und Süd= Niederlande. punkt in der Ostgrenze der Niederlande und welche Flüsse ungefähr die Richtung der Grenze?

416. Welches ist für den Verkehr a. das wertvollste, b. das wertloseste Stück der niederländischen Küste?

417. In wieviel Gradnetzfelder kann man sich das nieder= ländische Staatsgebiet zusammenschieben, und wie groß wird es demnach sein?

418. Welche Einheit bilden die Niederlande in der Boden= gestaltung, und welcher Wechsel in den Landschaftsformen bringt Mannigfaltigkeit in dieses Einerlei?

419. Wo liegt das ausgebreitetste Gebiet der Senken, und welchen Bruchteil der ganzen Staatsfläche beansprucht es?

420. Wie heißen die zwei größten Flüsse der Niederlande, und wieviel besitzen letztere von jedem?

421. Welche klimatischen Erscheinungen werden in den Nieder= landen noch schärfer hervortreten als in Belgien, und welchen Ein= fluß wird das auf die Bodenbewirtschaftung haben?

422. In welcher Richtung wächst die Volksverdichtung in den Niederlanden, und welche natürlichen Verhältnisse erklären das?

423. Inwiefern stellen die Niederlande eine nationale Ein=
heit dar?

424. Welche Kirchen sind in den Niederlanden vertreten,
und welche beansprucht die größere Kopfzahl der Bevölkerung?

425. Welches natürliche Gebiet umfaßt die Provinz Nord-
holland, und wie heißt die größte Stadt in ihr?

426. Wodurch ist dieser Stadt der Weg zum Meere künstlich
eröffnet worden, und warum wird das trotz ihrer Lage an der
Küste notwendig gewesen sein?

427. Wie heißt die Mündungsstadt an dem nordholländischen
Kanal, und zu welchem Zwecke wird sie befestigt sein?

428. Wie heißen die Städte hinter dem holländischen Dünen=
wall, und in welcher doppelten Beziehung erhebt sich die eine über
die andere?

429. Wie heißt die größte Hafenstadt in Südholland, und
welcher Vorzug ihrer Lage erklärt es, daß Amsterdam von ihr im
Weltverkehr überflügelt worden ist?

430. Woraus setzt sich das Gebiet der Provinz Seeland zu=
sammen?

431. Wie heißt der erste Hafen Seelands, und welche Aufgabe
wird er als Seefestung zu lösen haben?

432. Welcher britische Hafen liegt mit ihm in gleicher Br.,
und wie lange wird eine Dampferfahrt dorthin währen?

433. Zu welcher Provinz gehört das Mesopotamien zwischen
Maas und Rhein?

434. Wie heißen die zwei größten Städte darin, und wie
unterscheiden sie sich a. in der Lage, b. in der Bedeutung?

435. Wie heißt die größte Binnenstadt der Niederlande, und
welche zwiefache Bedeutung veranschaulicht die Karte von ihr?

436. Welche Provinzen bilden den Nordostflügel der Nieder=
lande, und aus welchen Naturverhältnissen wird sich ihre geringe
Bedeutung gegenüber dem Westflügel erklären?

437. Nenne die südlichste Stadt der Niederlande, und charak=
terisiere ihre Lage a. nach der politischen, b. nach der Fluß= und
Gebirgskarte!

438. Wodurch veranschaulicht die Karte ihre Verkehrsbedeutung,
und mit welcher andern Stadt der Niederlande ist sie in der Eigenart
dieser Bedeutung zu vergleichen?

Luxemburg. **439.** In welcher Flußlinie liegt ein Stück der Staatsgrenze
Luxemburgs gegen das deutsche Reich?

440. Auf welcher Bodenform liegt Luxemburg, und welche
klimatischen und wirtschaftlichen Erscheinungen werden sich hieraus
ergeben?

441. Zu welchem Volksstamm und zu welchem religiösen Be=
kenntnis zählen die Luxemburger?

442. Wie heißt die Hauptstadt von Luxemburg, und mit welchen deutschen Moselstädten liegt sie in gleicher L.?

443. Nenne die österreichischen Länder im Rahmen des germ. M., die a. nur auf den Alpen, b. auf Alpen und Mittelgebirgsland= schaften, c. nur auf Mittelgebirgslandschaften liegen!

444. Bilde nach Ausscheidung und Bezeichnung des größten und kleinsten dieser Länder Paare von ungefähr gleicher Größe!

445. Inwiefern decken sich für Böhmen nahezu Staats= und Naturgrenzen, und gegen welche Staaten des deutschen Reiches und Kronländer Österreichs besitzt es dieselben?

446. Löse nochmals die Aufg. S. 11, Nr. 203—213 u. S. 25, Nr. 116—118!

447. Wie teilen sich die Nationen Böhmens in das Land, und welche hat den größeren Teil der Fläche besiedelt?

448. Wo ist das Gebiet der nationalen Minderheit a. am dichtesten, b. am schwächsten bewohnt?

449. Wie heißt die einzige Großstadt Böhmens, und was spricht alles dafür, daß gerade sie sich zu einer solchen entwickeln konnte?

450. Von welchen Grenzpforten des böhmischen Gebirgs= rahmens vereinigen sich in ihr die Eisenbahnen?

451. Nenne je eine größere Stadt in der Nähe dieser Grenz= pforten, und bezeichne auch ihre Flußlage!

452. Warum mußte gerade diejenige in der nw. Ecke große Verkehrsbedeutung erlangen?

453. Welche dieser Städte wird durch die Nähe großer Stein= kohlenlager in ihrer gewerblichen Entwickelung gefördert worden sein?

454. Wie heißt die größte Stadt in dem Kessel zwischen Erz= gebirge und Mittelgebirge?

455. Welchen böhmischen Ort trägt das Gebiet der höchsten Erhebungen im Erzgebirge, und wie liegt er insbesondere zum höchsten Gipfel?

456. Welcher größere Ort liegt s. von ihm im Egergebiet?

457. Wie heißen die zwei Orte nahe der Egermündung, und wie liegt der größere zum kleineren?

458. Inwiefern bildet Mähren gleich Böhmen eine natürliche Einheit in Bodenform und Bewässerung?

459. Löse nochmals die Aufg. S. 12, Nr. 214—218 u. S. 20, Nr. 37—41!

460. Inwiefern ähneln Böhmen und Mähren einander in Art, Verteilung und Religionsstand ihrer Bevölkerung.

461. Woraus erklärt es sich, daß Mähren immer die politi= schen und geschichtlichen Schicksale Böhmens geteilt hat?

462. Vergleiche Böhmen und Mähren nach Gestalt und Größe der Gebietsfläche miteinander!

463. Gruppiere die vier größten Orte der Deutschen in

Mähren nach ihrer Lage a. im Staatsgebiet, b. zu den Boden=
formen, c. im Flußgeäder!

464. Wie heißen die zwei größten dieser 4 Städte, und als
was bezeichnet die Karte die eine und die andere?

465. Aus wieviel Stücken setzt sich das österreichische Schlesien
zusammen, und welche Verschiedenheit zeigen sie a. nach den Boden=
formen und Flußgebieten, auf denen sie liegen, b. in der Zusammen=
setzung ihrer Bevölkerung?

466. Wie heißt der Hauptort, und in welchem Stücke
liegt er?

467. Wie heißt die Stadt in der Mitte des andern Stückes,
und wodurch gewinnt sie Verkehrsbedeutung?

468. Welche räumliche Stellung nimmt das Erzherzogtum
Österreich unter den Kronländern ein?

469. In welchen Flußläufen liegt seine ö. und w. Grenze?

470. Welche Thalung bezeichnet ungefähr seine Mitte, und
auf welche Bodenformen greift es von hier aus n. und s. über?

471. Wie heißt die Hauptstadt von Oberösterreich, und durch
welche Straßenkreuzung erhält sie ihre Verkehrsbedeutung?

472. Welche Thäler führen in das Alpengebiet Oberösterreichs,
und bei welchen Orten öffnen sie sich gegen die Ebene?

473. Wie heißt der Ort im Mittelpunkt des Salzkammergutes,
und zwischen welchen Seen liegt er?

474. Inwiefern ist Wien zur Hauptstadt für den Gesamtstaat
Österreich=Ungarn besonders geeignet nach seiner Lage a. im Staats=
gebiet, b. im Verbande der österreichischen Nationalitäten?

475. Welche Hauptstädte österreichischer Kronländer sind in
der Luftlinie ungefähr gleichweit von Wien entfernt, und wie groß
ist die Entfernung?

476. Welcher natürlichen Begünstigung erfreut sich Wien a. nach
der Bodengestaltung seiner Landschaft, b. nach der Straßenvereini=
gung in ihr?

477. Auf wieviel Kilometer nähert sich die Donau bei Wien
dem adriatischen Meere, und warum war diese Annäherungsstelle
mehr als jede andere stromaufwärts gelegene günstig für einen Straßen=
zug nach Südeuropa?

478. Welche Städte Niederösterreichs liegen an diesem Straßen=
zug, und wo überschreitet er die Grenze des Erzherzogtums?

479. Auf welchem Flußgebiete liegt Salzburg vorzugsweise,
und wieviel gehört ihm insbesondre vom Hauptfluß?

480. An welcher Stelle seines Thales liegt die Hauptstadt des
Landes, und mit welchem Orte Oberösterreichs ist sie in ihrer Lage
zu vergleichen?

481. Welche Stellung nimmt Tirol unter allen Alpenländern
nach seiner Lage in der wö. und nf. Erstreckung des Hochgebirges
ein?

482. Bestimme einige Punkte der Staatsgrenze Tirols gegen die Nachbarländer durch Flüsse, Seen, Berge und Pässe!

483. Welche Gruppen der Hochalpen gehören ganz zu Tirol?

484. Welches sind die drei großen Verkehrsthäler von Tirol, und gegen welche Länder öffnet es sich mit ihnen?

485. Nenne die drei wichtigsten Orte im n. Tirol, und kennzeichne a. ihre gemeinsame und gegenseitige Lage, b. die Verkehrsbedeutung jedes einzelnen!

486. Löse dieselbe Aufgabe für zwei Orte auf der Südseite der Brennerbahn!

487. Wo liegt Meran, und was läßt sich über seine klima= tische Begünstigung (Temperatur und Winde!) von der Gebirgs= und Klimakarte lesen?

488. Wie heißt die größte Stadt Tirols im s. Etschlande, und in welcher Br. liegt sie?

489. Wie heißt der Hauptort von Vorarlberg, und wo liegt er?

490. Gieb für die Alpenbahn von Wien nach dem Bodensee an: a. durch welche Kronländer sie führt, b. welche Flußthäler sie benützt, c. welche größeren Orte sie berührt, d. an welchen Stellen andere Schienenwege von ihr abgehen?

491. Welche Alpenzüge bilden den Gebirgsrahmen für Kärnten im N. und S., und gegen welche Kronländer gewinnt es in ihnen Naturgrenzen?

492. Zu welchen Kronländern öffnet es sich nach W. und O., und welches Thal bildet den Weg?

493. Welcher andere Weg kreuzt mit ihm, und welcher Ort liegt an der Kreuzungsstelle?

494. Wie heißt der größte Ort Kärntens, und wodurch wird seine Lage bestimmt?

495. Mit welchen anderen österreichischen Hauptstädten liegt er in gleicher L.?

496. An welche Länder grenzt Krain im N., und worin ist die Grenze gegen das eine und das andere gegeben?

497. Welcher Fluß entwässert Krain, und wieviel von seinem Laufe liegt im Lande?

498. Wie heißt der größte Ort in Krain, und welche Ver= kehrslinien kreuzen sich bei ihm?

499. Welche besondere Bedeutung hat das „Küstenland" für Österreich, und in welchem Orte ist diese Bedeutung gleichsam verdichtet?

500. Welcher Schienenweg findet hier sein s. Ende, und für welche große Binnenstadt liegt hier gewissermaßen der Hafen?

501. Nach welchen Gestadeländern des Mittelmeeres wird Triest besonders den österreichischen Verkehr vermitteln?

502. Inwiefern wird aus der Küstenbildung und der Stellung zum Hinterlande die Überflügelung Venedigs durch Triest erklärt?

503. Nenne den größten Binnenort im „Küstenlande", und löse für ihn die Aufgabe Nr. 487, S. 55!

504. Gieb den Hauptfluß und den bedeutendsten Alpenzug a. der oberen (n.), b. der mittleren Steiermark an!

505. Durch welche beschienten Pässe tritt die mittlere Steiermark a. mit der oberen, b. mit Oberösterreich in Verbindung?

506. Nenne die Hauptstadt der Steiermark, und vergleiche sie mit Salzburg a. auf zwei Ähnlichkeiten in ihrer Lage, b. auf zwei Unterschiede in ihren klimatischen Verhältnissen!

507. Wie heißt der Hauptort der s. Steiermark, und welche Ähnlichkeit der Lage zeigt er zu Graz?

Leipzig   Druck von Grimme & Tremel.

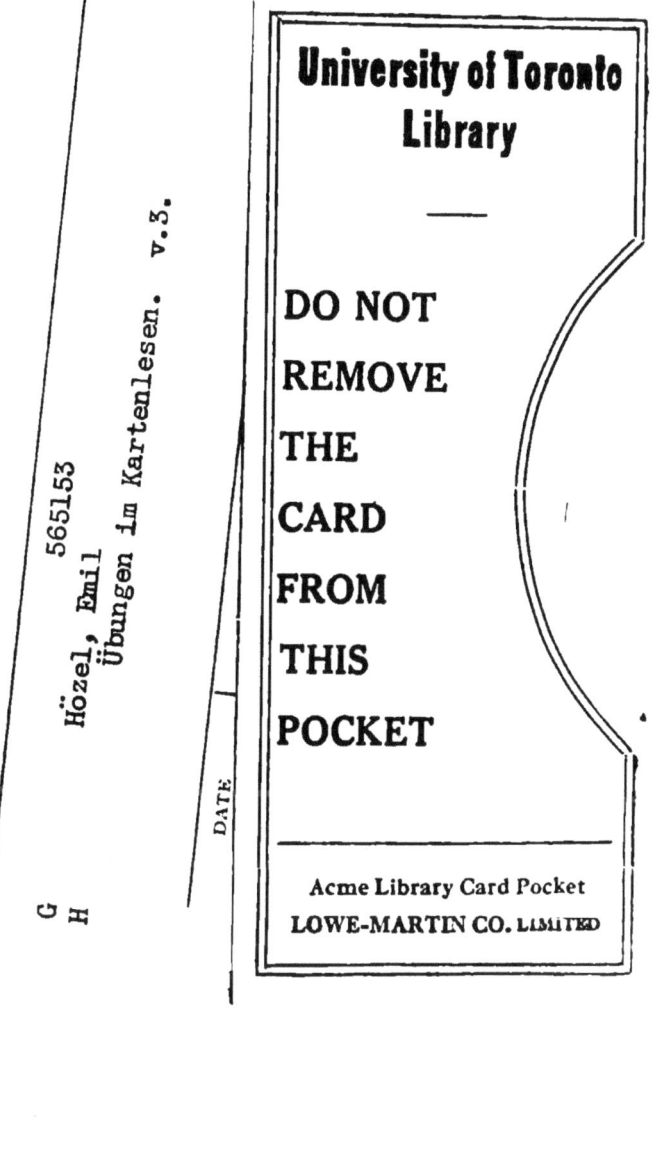